프랑스혁명

첫단추 시리즈

프랑스혁명

윌리엄 도일 지음
조한욱 옮김

교유서가

서문

같은 주제로 다양한 길이의 책을 여러 권 썼던 사람으로서 그 주제에 대해 아주 짧은 책을 쓴다는 것은 생각보다 어려운 일이다. 우리 모두는 여러 차례 다른 형태로 "똑같은 책을 썼던" 사람들을 떠올리면서 그렇게 될까봐 두려워한다. 따라서 입문서라는 것은 어느 정도까지는 친숙한 이야기를 다시 할 수밖에 없다고 할지라도 그렇게 하지 않으려고 시도했다. 나의 관심은 프랑스혁명이 왜 중요했고, 왜 그것이 발생한 지 두 세기가 지나도록 계속하여 수많은 방식으로 중요했었는지 논하는 것이었다. 18세기 말에 일어난 일련의 사건으로뿐만 아니라 후손들의 정신에 새겨진 관념과 이미지와 기억으로 프랑스혁명에 대한 모든 이야기는 그 복합성을 보여주는 현저한 사례이자 역사의 중요성에 대한 강력한 논지이기도 하다.

따라서 학문적 관심은 줄어들지 않는다. 이 책의 초판본이 나오고 16년이 지나는 동안 방대한 양의 새로운 연구들이 나타났고, 그에 대해 어느 정도 논할 시점이 되었다. 이 책의 전체적인 구조는 변하지 않았고 남아 있다 할지라도 이 주제가 변천해온 과정을 반영하는 많은 세부 사실이 있고 강조점도 많이 바뀌었다.

내가 프랑스혁명을 처음으로 진지하게 연구하기 시작했던 시기는 학부 졸업반일 때였다. 나는 노먼 햄프슨Norman Hampson이 쓴 『프랑스혁명의 사회사*A Social History of the French Revolution*』에서 신의 계시 같은 빛을 얻었다. 그 책이 지금까지도 출판되고 있다는 사실은 놀라운 일이 아니다. 이후 내가 요크 대학교에서 그의 동료가 된 것은 영광스러운 일이다. 그 사실은 물론 2011년 그가 사망할 당시까지 나누었던 우정에 대한 고마움을 표하며 나는 이 책을 그에 대한 추억에 헌정한다.

2019년 배스Bath에서,

윌리엄 도일

차례

제 1 장

반향

〈진지함의 중요성The Importance of Being Earnest〉(1895)에서 브래크널 부인은 말한다. "워딩 씨, 당신이 방금 제게 하신 말씀 때문에 당혹스럽습니다. 손가방에 손잡이가 있건 없건 그 속에서 태어났거나 자라났다는 것은 가정생활의 평상적인 예절에 대한 경멸을 보여주는 것처럼 보인다는 말입니다. 그것은 최악의 난폭한 행동을 보여준 프랑스혁명을 떠올리게 한다는 말입니다. 그 끔찍한 난동이 어떤 결말로 이어졌는지 당신은 아실 텐데요."[1]

워딩 씨는 알고 있었을 것이다. 19세기에 상당한 교양을 갖고 있는 [영국] 사람들 모두가 18세기의 마지막을 장식했던 거대한 소요에 대해 뭔가를 알고 있었다. 빅토리아 시대의 진

1. 루이 16세의 초상화: 절대군주의 영광

지한 사람들이라면 1789년과 그 이후에 프랑스에서 어떤 일이 왜 일어났는지 알아야 하는 것이 의무라고 생각했을 것이다. 게다가 그에 이어진 소요가 한 세대 동안 나폴레옹에 대한 "위대한 전쟁"으로 그들의 아버지와 할아버지들 인생에 상흔을 남기면서야 겨우 끝나게 되었다는 사실도 알아야 한다고 생각했을 것이다. 오이 샌드위치를 깨작거리며 브래크널 부인의 딸과 결혼하기를 꿈꾸는 워딩 씨는 그닥 알고 싶어하지 않았을 것이다. 그렇지만 그런 그마저도 프랑스혁명의 최악의 난폭한 행동이 어떤 것이었고 그것이 삶의 평상적인 예절을 어떻게 침해했는지 짐작은 했을 것이다. 그는 폭도의 지배로 이어진 민중의 반란과 군주제의 전복과 귀족에 대한 박해가 있었음을 알았을 것이다. 그는 혁명이 복수하기 위해 선택한 무기가 기요틴이었음을, 파리의 길거리가 왕족과 귀족의 피로 넘치게 만든 그 비정한 작두 기계였음을 알았을 것이다. (브래크널 부인의 조상이 프랑스 사람들이었다면 그 끔찍한 도구를 피할 꿈도 꾸지 못했겠지만) 어니스트 워딩 씨와 브래크널 부인을 창작해낸 사람은 파리에서 암울한 망명 생활을 하며 말년을 보냈다. 그곳에서 오스카 와일드Oscar Wilde는 제3공화국의 지도자들이 혁명을 탄생시켰던 제1공화국의 기억을 불러내기 위해 의도적으로 고안해낸 상징과 이미지에 둘러싸여 있었다. 동전과 공공건물은 자유, 평등, 형제애[2]라는 구호로 꾸며져 있었다. 축제가 있으면 길거리는 붉은색, 흰색, 푸른색 깃발들이 나부꼈는데, 그것은 1789년에 프랑스 국민이 채택한 삼색기의 색깔이었다. 매년 7월 14일이면 거국적 축제가 열려 1789년 그날 바스티유가 함락된 것을 기념한다. 그곳은 삼엄한 정부 감옥이었는데 사람들이 자유의 이름으로 습격하여 무너뜨렸다. 이렇듯 대중이 즐거워하는 순간에 프랑스의 애국자들은 라마르세예즈를 불렀으며 그것은 1792년 독재에 대항하여 출범한 전쟁의 찬가였다. 와일드가 파리에 있었을 때 가장 볼 만했던 광경은 세계에서 가장 높은 건축물인 에펠탑이었다. 그것은 1889년 혁명 100주년을 기념하는 대규모 박람회의 핵심이었다.

프랑스에 살았거나 방문했던 사람이라면 이러한 흔적을 피할 수 없다. 그뿐 아니라 삼색기 아래 행진하면서 혁명이 분출했던 열기를 길들이며 다스렸고, 조카 나폴레옹 3세Napoleon III가 제3공화국이 수립되기 전까지 22년 동안 통치했던 그 나폴레옹의 흔적도 피할 수 없다. (여전히 세계 거의 모든 곳에서 가장 많이 선택하는 외국어를 배워서 얻은) 간접적 지식에 의해 프랑스를 약간이나마 알고 있는 사람이라 할지라도 이 나라가 생생한 기억을 겨우 넘어서는 고통스러운 격변으로 얼룩져 있다는 느낌을 받아들이지 않을 수 없다. 많은 사람들은 그것이 최선을 위한 것이었으며 어쨌든 필수적이었다고 믿거나 느끼고 있다. 1793년 대중의 환호 속에 기요틴에 참수되었던 왕비 마리 앙투아네트Queen Marie-Antoinette가 사람들이 빵이 없다는 얘기를 듣자 "케이크를 먹게 하라"고 말했다는 것은 모든 사람들이 들어서 알고 있고 충격을 받은 이야기이다. (여전히 많은 사람들은 그렇게 알고 있으며, 그것은 그녀가 태어나기도 전인 1740년에 이미 장 자크 루소Jean-Jacques Rousseau가 들은 적이 있었던 오래된 이야기라는 사실에도 개의치 않는다.) 새로 탄생한 국가들마다 삼색기를 채택하면서 그들의 해방을 자랑스럽게 선언하거나 1789년 브뤼셀이나 1796년 밀라노의 애국자들처럼 해방을 기대했다. 여전히 이 자유의 깃발은 로마에서 멕시코시티까지, 부쿠레슈티에서 더블린까지 펄럭이고 있다. 1794년 영토 분할에 저항하면서 라마르세예즈를 불렀던 폴란드 사람들은 1956년 소련의 독재에 저항하면서 다시 그 노래를 불렀다. 1989년 프랑스가 혁명 200주년을 기념할 때 이 저항의 찬가는 베이징의 천안문 광장에서 최악을 맞게 될 학생 시위자들로부터도 들을 수 있었다. 1789년 이후 어떤 종류의 혁명이라도 경험하지 않았던 나라는 별로 없으며 그 나라들마다 영감과 모범과 표본 또는 경종을 얻기 위해 프랑스혁명과 그 이후에 어떤 일들이 일어났는지 되돌아보려는 사람들이 있었다.

바다 건너편의 관점

이런 모든 것으로부터 가장 초연했던 곳이 영어 사용 국가들이었다(그림 2). 아일랜드를 제외한다면 영어권의 마지막 혁명은 1789년 이전에 일어났으며, 프랑스 국민에 공감하던 영어권의 동시대인들조차 그들은 1688년 영국이나 1776년 미국에서 선언했던 자유를 뒤따르고 있다고 생각했다. 어쨌든 그곳에서는 프랑스혁명에 공감하는 사람들마저 언제나 소수였다. 프랑스혁명을 대하는 영어권 대부분의 태도를 위한 기본적인 골격은 혁명의 "최악의 난폭한 행동"이 나타나기 몇 년 전인 1790년에 이미 에드먼드 버크Edmund Burke의 「프랑스의 혁명에 대한 고찰Reflections of the Revolution in France」에 의해 만들어졌다. 프랑스인들은 단지 1688년의 명예혁명과 (버크 자신도 1770년에 그 대의명분을 지지했던) 미국의 반역자들의 행적을 따르고 있을 뿐이라는 영국 개혁자들의 주장에 분노하여 버크는 프랑스혁명은 전적으로 다른 새로운 현상이라고 단언했다. 영어권 세계에서 일어났던 이전의 혁명들은 침해를 받지 않을 자유라는 유산을 지키려 했다는 것이다. 실로 프랑스에 의해 확립된 새로운 기준에 따르면 그것들은 혁명이 될 수조차 없었다. 왜냐하면 프랑스 사람들은 전면적인 파괴를 통해 그들이 자유라고 말한 것을 확립시키려고 했기 때문이다. 그들도 신중하게 조상들의 지혜를 존중해가

2. 1790년대에 만화가 제임스 길레이가 런던에서 보았던 프랑스혁명

면서 이전 제도의 몇 가지 경미한 잘못을 수정하고 영국인들이 했던 것처럼 그들의 국가사를 자유롭고 평화롭게 운영해 나갈 수 있었을 것이다. 그러나 그들은 군주제와 사회적 질서와 신 자체에 대한 믿음을 잠식시켰던 이성적인 자칭 "철학자들"의 꿈을, 시도된 적도 없었던 그 꿈을 따르기를 택했다.

그 결과는 "돼지 같은 군중"의 무정부상태이자 질투에 사로잡힌 지배였다. 버크는 더 나쁜 일이 일어나리라고 예측하면서 군부 독재가 그 모든 것을 끝장낼 것이라고 예언했다. 버크조차도 사태가 얼마나 피비린내 날지 예견하지 못했지만, 장군이 궁극적인 승리를 거뒀다는 점에서는 옳았다. 그리하여 버크는 비평가뿐 아니라 예언자로서 존중받게 되었다. 그렇지만 프랑스인들에 비해 영국인들의 행동 방식이 우월했다고 하는 사실은 버크의 사망 이후 18년이 지난 다음 워털루 전장에서야 완전히 입증된 것처럼 보였을 뿐이다.

그러나 프랑스인들은 구제불능이었다. 1830년에 짧긴 했지만 파리에서 일어난 새로운 혁명을 맞아 삼색기는 다시 펄럭였다. 혁명은 왜 돌아와서 미래를 괴롭혔는가? 최초의 격변을 만들었거나 경험했던 세대가 사라져가자 역사가들은 분석을 위해 자신들만의 의미를 조정하기 시작했다. 그들 대다수는 이제는 잊혔고, 잊히지 않은 사람들은 후대의 역사가들 사이에서 별로 존경을 이끌어내지 못했다. 그렇지만 어느 누구보다도 토머스 칼라일Thomas Carlyle은 프랑스혁명이 어떠했는지 그에 대한 대중의 생각을 고착시키는 데 크게 기여했다. 거칠고 흉내내기 어려운 문체로 쓴 칼라일의 『프랑스혁명사*The French Revolution: A History*』(1837)는 무분별한 복수가 벌어지는 혼란스러운 모습을 그렸다. 그는 혁명가들이 파괴한 질서인 구체제ancien régime를 버크처럼 옹호하지 않았다. 그의 생각에 구체제는 부패했고 파괴될 운명을 겪어 마땅했다. 궁정 신하들은 점잔을 빼며 이야기했고 떠벌이들이 수다를 늘어놓는 동안 배고픈 군중은 그들이 당했던 박해를 곱씹었다. "형언할 수 없는 혼란이 내부 곳곳에 굴러다니고 있는 사이에 표면의 수많은 갈라진 틈 사이로는 유황 연기가 새어 나오고 있었다." 혁명은 민중의 폭력이 폭발한 것으로서 옹호하긴 힘들지만 이해할 수 있는 분노였다. 그것을 이끌거나 주도하려고 했던 사람들은 대체적으로 단순한 불량배들로, 그들 모두는 뻔뻔함 때문에 가엾기까지 한 사람들이었다. 가장 끔찍한 인물은 공포를 수단으로 지배하려 했던 로베스피에르Maximilien Robespierre로, 그는 이제 프랑스인이 아닌 사람들의 마음속에서 "바다가 푸르듯 타락하지 않는" 사람으로 고착되었다(그것은 그의 권력뿐만 아니라 안색과 관련된 표현이기도 했다).[3] 그는 희생자들의 명운을 재촉했으며 그 역시 마침내 사형수 호송차 속에서 그들을 뒤따랐다(사형수 호송차를 뜻하는 tumbrils라는 단어는 짐을 굴러 떨어뜨릴 수 있도록 바닥이 기울어진 수레를 뜻하는데, 이제는 거의 잊힌 말로서 이후 이러한 용례 외에는 사용된 적이 없다). 호송차가 지나갈 때 "붉은 취침용 모자를 쓴 사람들이 지지의 괴성을 울부짖었다". 그들은 귀족들의 승마용 바지를 입지 못했지만 자유의 붉은 모자로 애국심을 과시했던 상퀼로트를 말했다. 그들은 물론 그들과 함께 소리를 지르던 여성 동지들은 사회적 복수를 향한 사무친 욕망에 이끌렸다. 칼라일은 이러한 자연발생적인 힘을 인도할 능력을 가진 사람으로 단 세 명을 꼽았다. 한 명은 미라보Mirabeau였는데 그는 1791년에 사망함으로써 자신의 약속을 실현시키지 못했다. 다른 한 명은 당통Georges Jacques Danton이었는데 1792년에 그의 열정이 프랑스를 외국의 침입으로부터 구해냈지만, 2년 뒤에는 공포정치에 휘말렸다. "결함에도 불구하고 그는 인간이었다. 불타오르는 자연의 거대한 가슴으로부터 나온 불길 같은 존재였다." (칼라일이 글을 쓸 당시 게오르크 뷔히너Georg Büchner는 독일인들에게 〈당통의 죽음Dantons Tod〉(1835)을 내놓았는데, 그 희곡은 당통을 로베스피에르 같은 소인배들이 합작하여 살해한 너무나도 영웅적인 인물로 묘사한다.) 마지막으로는 나폴레옹Napoleon Bonaparte이 있었다. 그는 1795년 군대를 정치로 끌어들이면서 "포도탄 한 방으로" 파리의 마지막 소요를 끝냈다.

극적인 묘사

칼라일의 글이 갖는 특이한 활력은 유혈과 폭력으로 가득 찬 끊임없는 소요의 기간이 무자비한 상퀼로트의 지배로 점철되어 군중이 고함을 지르는 것이 일상적이었다는 인상을 남겼다. 그것은 저항할 수 없을 정도로 극적이었다. 그러나 칼라일은 인간이 제어할 수 없는 힘의 제물이 되어버린 무고한 희생자에 대한 연민을 보여주는 눈도 갖고 있었다. 로베스피에르마저도 하늘색 새 코트를 입고 기요틴을 향해 끌려가는 모습은 일말의 동정을 받았다. 그 책은 독자들에게 긴장과 두려움을 전하면서 소설처럼 읽히고 팔렸다. 소설가들도 그 책에 찬탄을 보냈으며 그 누구보다도 찰스 디킨스Charles Dickens가 그러했다.

디킨스의 『두 도시 이야기*A Tale of Two Cities*』(1859)는 사실상 후대인들에게 프랑스혁명에 대해 가장 영향력이 큰 이미지를 제공했다. 그 책은 버크로부터 기본 주제 중 하나를 채택했다. 그 주제란 소란스럽고 폭력적인 파리와 안전하고 평온하고 번창하는 런던 사이의 대비를 말한다. 그러나 디킨스에게 가장 확실하게 영감을 주면서 인도했던 사람은 칼라일이었다. 그가 구체제의 잔혹하고 억압적인 상을 명확하게 그렸는데, 구체제란 “탐욕스러운 방종과 억압의 세계”로서, 그곳에서는 해를 끼친 일이 없는 무고한 희생자들이 권력자들의 변덕에 의해 음산하고 두려운 바스티유에서 재판도 없이 몇 년씩 수감될 수 있다. 그곳에서는 귀족의 마차 바퀴에 아이가 치여 죽어도 금화 한 닢을 던져줌으로써 해결될 수 있다고 여긴다.[4] 쓸모없는 당국은 사회적 분노로 괴로워하는 비참하고 가난에 찌든 사람들을 지배하며, 무감각할 정도로 한이 맺혀 뜨개질을 하고 있는 드파르주 부인은 자신의 가족을 박해했던 귀족들에 대한 복수의 순간이 올 때를 대비하여 준비하고 있다.[5] 혁명이 그 순간을 가져다준다. "'바스티유!' 프랑스의 숨결이 모두 모여 그 혐오스러운 단어로 만들어진 것 같은 고함소리와 함께 바다가 살아 일어나 파도 위에 파도가 깊이를 더하면서 도시에 넘쳐흐를 정도가 되었다. 경적 소리와 북소리가 울리고 바다가 격노하여 해변에 천둥소리를 내며 공격이 시작되었다." 드파르주 부인이 주도하며 돕는다. "'뭐라고? 우리도 남자들처럼 죽일 수 있어!' 그리고 목이 타올라 날카로운 비명을 지르며 다양하게 무장을 한 여성들이 그에게 무리지어 가는데 그들은 모두가 굶주림과 복수로 무장을 하고 있다." 이런 소란은 몇 년 동안 지속되지만 1792년에 이르면 복수의 도구는 기요틴이다. 드파르주 부인과 분노의 노파들은 사형대 옆에 앉아 뜨개질을 하면서 한 코 한 코 희생자의 숫자를 센다. 프랑스는 "붉은 모자를 쓰고 삼색의 모표를 달고 총과 검으로 무장한 애국자들"로 넘쳐난다. 음침하고 의심이 많은 그들은 본능적으로 모든 "귀족"을 저주한다. "좋은 옷을 입은 사람이 감옥에 가야 한다는 것은 작업복을 입은 노동자가 일터로 가야 한다는 것처럼 더이상 별나 보이지도 않는다." 1794년 초에 이르면,

> 매일같이 돌로 된 길 위로 사형수들로 가득찬 호송차가 무겁게 덜컹거리며 지나갔다. 사랑스러운 소녀, 총명한 여인, 갈색 머리, 검은 머리, 회색 머리 젊은이, 강인한 남자, 노인, 좋은 가문 출신과 귀족과 농부, 모두가 기요틴을 위한 적포도주. 날마다 모두가 지겨운 감옥의 어두운 지하 땅굴에서 빛을 보려 올라왔다가 기요틴의 탐욕스러운 목마름을 채워주기 위해 길거리를 지나 호송되는 중. 자유, 평등, 형제애가 아니면 죽음을. 마지막 단어, 즉 죽음이야말로 하사하기 가장 쉬운 것, 오 기요틴이여!

비록 프랑스의 귀족 찰스 다네이는 도주하고 그를 고발한 드파르주 부인은 그를 잡기 전에 사망하지만 이 책은 영국의 변호사 시드니 카튼이 드파르주 부인의 복수심으로 인해 형장에서 희생되는 것으로 끝난다.[6]

이러한 이미지가 강력하게 만들어져 가슴을 울리는 이야기와 함께 엮인 것이 오스카 와일드의 세대가 정의 내린 프랑스혁명이었다. 다음 세대는 물론 20세기 전체를 통해 그 이미

지는 몬태규 바스토 부인Mrs Montague Barstow이라는 2류 급의 재능에 의해 강화되었는데, 그녀는 헝가리 벽지에서 태어났다는, 출처가 의심스러운 사실을 이용하여 자신을 옥시 남작 부인Baroness Orczy이라고 불렀다. 〈스칼렛 핌퍼넬The Scarlet Pimpernel〉(1905)과 그 후속편들은 멋쟁이 영국 기사인 퍼시 블레이크니 경의 모험을 추적하고 있는데 그는 이중생활을 하면서 다양하게 변장을 하고 무고한 귀족들을 기요틴에서 감쪽같이 빼돌려 도버 해협 건너편으로 안전하게 구출한다. 그러나 디킨스에게서 보이던 섬세함은 사라졌다. 파리의 민중은 "이름만 인간일 뿐 요동치고 분노로 끓어오르며 불평 많은 무리에 불과하여 그들은 사악한 감정은 물론 복수와 증오에 대한 탐욕에 고취된 야만적인 족속인 것처럼 보이고 들리는" 반면, 그들에게 희생된 자들 즉 "그 귀족들 모두는 십자군 원정 이래로 프랑스의 영광을 쌓아왔던 위대한 인물들의 자손이었던 남자와 여자와 어린이 들"로서 그들은 동정의 대상이었으며 어떤 면에서도 그들 선조가 저질렀다고 주장하는 박해에 대한 책임이 없었다. 그 모든 이야기는 순전히 유혈을 바라던 욕심의 소치로서, 단지 "결단코 잡히지 않는 핌퍼넬"과 모두가 영국 신사인 대담무쌍한 그의 동료 첩보원들의 노력에 의해서만 피할 수 있었다. 칼라일이나 디킨스와는 달리 옥시에게는 구체제에 닥친 운명이 그들이 자초한 일이라는 일

언반구조차 없다. 단지 "이제는 과부들의 통곡과 아버지 없는 자식들의 절규로 끔찍하게 바뀐 아름다웠던 파리"에 대한 애석함만이 있을 뿐이다.

> 남자들은 모두 붉은 모자를 썼고, 모자들마다 깨끗함의 정도는 달랐지만 삼색 모표를 달고 있다는 점에서는 똑같았다. 이제 그들의 얼굴에는 모두 교활한 불신의 기미가 보였다. 모든 사람이 동료에 대한 스파이가 되었다. 농담으로 발설한 가장 순진무구한 말조차 언제 귀족적 성향이나 민중에 대한 반역의 증거로 제시될지 모른다. 갈색 눈 속에 두려움과 증오가 잠복해 있는 기묘한 표정을 짓고 돌아다니는 여성들조차 모두가 감시하며 중얼거린다. "빌어먹을 귀족들."

20세기의 대비

〈스칼렛 핌퍼넬〉은 성공적인 연극으로 출발하여 20세기 동안 무대와 스크린을 위해 정규적으로 재연되었다. 〈두 도시 이야기〉도 마찬가지였다. 그 두 작품이 사극에 제공하는 풍요로운 광경에 제작자들이 굴복할 수밖에 없었던 것이다. 그러나 거기에서 혁명의 표본을 찾으려던 20세기의 청중들에게는 이제 더 직접적인 사례가 나타났다. 1917년 러시아의 볼셰비키혁명에 대해서는 곧바로 존 리드John Reed가 『세상을 흔든 열흘*Ten Days that Shook the World*』(1919)에서 칼라일을 반영하는 문체로 기록했는데 그것은 신선한 패러다임을 제공했다.[7] 그것은 새롭고 좀더 직접적인 매체인 영화로 만들어지기도 했다. 이후 독일과 중국과 20세기 후반에 혁명을 경험했던 수많은 나라에서 발생했던 이후의 봉기에 대해서는 훨씬 더 많은 영화가 만들어졌다. 사람들의 상상력 속에서는 레닌, 스탈린, 히틀러, 모택동, 카스트로와 같은 인물들이 혁명의 정수로서 로베스피에르나 당통을 대체했다. 기요틴에 대한 특유한 공포조차도 홀로코스트의 가스실이나 수백만에 달하는 스탈린 공포정치의 피해자들이나 강제수용소의 조직적인 잔혹성이나 모택동의 문화대혁명의 집단적인 위협이나 캄보디아의 킬링필드에 비하면 보잘것없어졌다. 그렇지만 여전히 1917년의 많은 러시아인들은 그들 자신이 1789년 이후 프랑스의 투쟁을 재현한다고 여겼고, 실로 그렇게 보이기도 했다. 이후의 혁명가들은 프랑스의 선례를 덜 의식했지만 그럼에도 불구하고 1789년에 최초로 명확하게 선포되었던 주권재민의 원리에서 정당성을 추구했다. 특히 공산주의가 존중하는 전통을 경멸한다고 공언했던 나치와 같은 많은 사람들조차도 1790년과 1794년 사이에 프랑스에서 처음으로 조직되었던 거대한 무대의 축제를 연상시키는 의례와 기념식으로 자신들의 권력을 찬양하곤 했다.

코르시카의 기여

그리고 프랑스혁명에 의해 추앙된 한 인물이 계속하여 널리 인정을 받고 있으니, 그는 나폴레옹이다. 그는 성이 아닌 이름만으로 널리 알려져 있는 극소수의 역사 속 인물로 남아 있으며, 특히 모자를 쓰고 있을 때의 모습만으로도 누구나 그를 알아본다. 이러한 인지도는 장군으로서 그의 뛰어난 업적에 기인하는 바가 크지만, 그의 군사적 용맹은 혁명이 그에게 제공한 기회 위에 세워진 것이다. 그리고 그가 승리의 여파로 자신의 새로운 체제를 구축하였을 때 그는 그 체제가 1789년 이래 프랑스에서 가꾸어왔던 원칙 위에서 운용되어야 한다는 것이 자명하다고 생각했다. 19세기는 분명히 나폴레옹과 혁명을 겪은 프랑스가 영국을 제외한 유럽 전체를 분열시켰던 방식에 대한 기억에 사로잡혀 있었다. 러시아인들이 (아니면 그들의 기후가) 나폴레옹을 패퇴시켰다 할지라도 그들은 1812년의 나폴레옹의 침공에 엄청난 충격을 받았다. 반세기가 지난 뒤 톨스토이Lev Nikolaevich Tolstoy는 나폴레옹에 대한 투쟁을 『전쟁과 평화*War and Peace*』(1865-9)의 무대로 삼았다. 차르 알렉산드르로부터 시작하여 그 소설의 등장인물들은 코르시카 출신의 찬탈자와 그가 표방하는 것에 감명을 받으면서 동시에 증오하기도 한다. 좋게든 나쁘게든 그는 모두의 삶을 바꾸어놓았다. 나폴레옹 생존 기간에 유럽 대륙의 모든 주민들은 그것을 인정할 수밖에 없었다. 그가 사라진 다음에도 많은 사람들은 여전히 그가 도입하였던 법이 그들의 일상생활을 조종하고 있다고 여겼다. 나폴레옹은 원정을 다니던 시대가 지난 뒤 가장 오래 지속될 자신의 업적은 그가 이긴 전쟁이 아니라 그의 〈민법 대전〉이 될 것이라고 말했다(그림 3). 실지로 〈민법 대전〉은 혁명의 과업이었던 것으로서 나폴레옹은 단지 결실을 맺도록 만들었을 뿐이다. 그러나 그 파급력은 충분히 강력했고, 프랑스를 넘어섰다. 재산의 보유와 양도에 대한 단순하고 명쾌하고 일관적인 일련의 원칙이었던 〈민법 대전〉은 독일 대부분의 지역에서는 19세기 내내, 폴란드에서는 1946년까지, 벨기에와 룩셈부르크에서는 오늘날까지 민법의 기반으로 남아 있다. 그 영향력은 이탈리아와 네덜란드와 독일의 법체계에 여전히 만연하다. 더 큰 성공은 미터법이었다. 1790년과 1799년 사이에 가다듬어졌던 무게와 부피의 10진법 체계인 미터법은 나폴레옹 치하에서 맹렬히 추진되었다. 프랑스에서조차 미터법으로 도량형이 통일되기까지는 시간이 걸렸지만 이후 두 세기에 걸쳐 그것은 세계 대부분에 전파되었다. 조만간 그렇게 되겠지만 미국까지 미터

CODE CIVIL

DES

FRANÇAIS.

ÉDITION ORIGINALE ET SEULE OFFICIELLE.

À PARIS,

DE L'IMPRIMERIE DE LA RÉPUBLIQUE.

AN XII. — 1804.

3. 지속적인 유산: 민법

법에 굴복하게 되면 그것은 프랑스혁명이 출발시켰던 수많은 경향이나 운동 중에서도 가장 완벽한 승리를 거둔 것으로 기록될, 가장 충실하고 명확한 생활 속의 유산일 것이다.

인권

『전쟁과 평화』의 제1장에서 피에르 베주호프[8]는 이렇게 외친다. "'혁명은 위대한 일이야! 훔치고 죽이고 왕도 살해하지.' 역설적인 목소리가 끼어들었다. '그런 일들은 극단적인 게 사실이야. 그렇지만 가장 중요한 건 아니지. 가장 중요한 것은 인간의 권리, 편견으로부터의 해방, 시민권의 평등이거든.'" 확실히 혁명은 인권으로 시작되었고 1789년 8월 26일 국민의회에서는 그 과업의 지침이 될 선언문을 공포했으니 그것이 "인간과 시민의 권리 선언"이다(상자 1). 이것은 세계 역사에서 완전히 새로운 것이었다. 1689년 영국의 권리장전은 영국민의 권리만을 선포했다. 미국은 프랑스인들보다 1년 뒤늦게야 자체의 권리장전을 확립했다. 프랑스의 선언은 헌법의 기본적 원칙을 안착시키기 위한 서문으로 작용했던 반면 미국의 선언은 이미 존재하는 헌법에 대한 보충으로서 훗날의 생각들이 반영된 것이었다. 그 선언의 주요 작성자들은 1770년대에 수많은 개별주의 헌법 서문에 선례로서 인권 선언이 있었음에도 불구하고 적절하게 초안이 잡힌 헌법의 필요성을 별로 느끼지 못하고 있었다. 뉴욕주의 제헌의회 대표자였던 알렉산더 해밀턴Alexander Hamilton에 따르면 그것은 "정부의 헌법이라기보다는 윤리학 논문에 훨씬 잘 어울릴 것 같은 금언"들이었다.

인간 권리의 선언이란 운명의 포로였다. 그러나 그것이 정확하게 프랑스 시민들이 1789년에 의도한 것이었다. "인권에 대한 무지와 태만과 경멸이 민중의 불행과 정부의 부패의 유일한 원인"이기 때문에 "사회 집단 구성원의 정신에 항상 존재하고 있는 소멸하지 않고 양도할 수 없는 자연권"에 대한 진술은 "그 구성원들이 자신의 권리와 의무에 대해 항상 주의를 기울이도록" 확신시킬 것이다. 그것은 모든 시민이 정부의 행위를 측정할 척도를 제공할 것이다. 프랑스의 시민들도 권리 선언을 향유하게 되긴 하였지만 그것은 단지 프랑스인들의 권리를 위해 고안된 것이 아니었다. 자유, 재산, 안전, 압제에 대한 저항, 사회적 평등, 법의 지배, 양심과 표현의 자유, 국가 주권의 권위, 시민에 대한 정부의 책임, 이러한 모든 것들이 인권이라고 선언되었고, 따라서 모든 곳에 적용될 수 있다는 함의를 갖게 되었다.

그 모든 곳에는 영국도 포함된다고 토머스 페인Thomas Paine은 『인간의 권리*Rights of Man*』(1791)에서 논했다. 미국 독립의

상자 1. 프랑스 국민의회의 "인간과 시민의 권리 선언"

국민의회를 형성하게 된 프랑스 국민의 대표자들은 인권에 대한 무지와 태만과 경멸이 민중의 불행과 정부의 부패의 유일한 원인이라는 것을 고려하면서, 엄숙한 선언을 통해 소멸하지 않고 양도할 수 없는 자연권을 선포하기로 결의하였다. 그 목적은 이 선언이 사회 집단 구성원의 정신에 항상 존재하도록 하여 그들 자신의 권리와 의무에 대해 항상 주의를 기울이도록 하기 위함이다. 그리하여 입법부의 법안과 정부의 행정력이 매 순간마다 정치 제도의 목적과 비교될 수 있고 더 존중받을 수 있도록 하기 위함이다. 또한 시민들의 미래의 요구가 단순하고 저항할 수 없는 원리에 인도되어 항상 헌법과 일반의 행복의 보존을 돌볼 수 있도록 하려는 것이다. 이런 이유로 국민의회는 최고의 존재 앞에서 그 축복과 가호를 기대하며 다음과 같은 인간과 시민의 신성한 권리를 승인하고 선언한다.

1. 인간은 권리에 있어서 자유롭고 평등하게 태어났고 항상 그렇게 지속된다. 사회적 차별은 공공의 유용성 위에만 근거할 수 있다.

2. 모든 정치적 결사의 목적은 소멸되지 않는 인간의 자연권을 보존하는 것이다. 그 권리란 자유, 재산, 안전, 그리고 압제에 대한 저항이다.

3. 본질적으로 국민이 모든 주권의 근원이다. 어떤 개인이나 단체도 국민으로부터 명시적으로 도출되지 않은 권위를 부여받지 못한다.

4. 정치적 자유는 다른 사람에게 해를 끼치지 않는 어떤 일이라도 할 수 있는 능력에 존재한다. 모든 인간의 자연권의 행사는 동일한 권리의 자유로운 행사를 다른 모든 사람들에게 확보해주는 데 필요한 것 외에는 다른 제한이 없다. 그 제한은 법에 의해서만 규정된다.

5. 법은 사회에 해가 되는 행위만을 금지해야 한다. 법에 의해 금지되지 않은 것은 어떤 것이라도 방해될 수 없다. 또한 누구도 법이 요구하지 않는 것을 행하도록 강요될 수 없다.

6. 법은 공동체의 의지를 표현한 것이다. 모든 시민은 스스로 또는 대표자를 통하여 그 입안에 동의할 수 있는 권리를 갖는다. 보호하든 처벌하든 법은 모든 사람에게 동일해야 한다. 법 앞에서는 모두가 평등하기 때문에 덕성과 재능에 의해 만들어진 차별을 제외하고는 모두가 그들의 다양한 능력에 따라 명예와 지위와 고용에 평등하게 자격이 있다.

7. 누구도 법에 의해 규정된 경우가 아니면, 그리고 법이 명한 형식에 따르지 않고는 기소되거나 체포되거나 구금될 수 없다. 자의적 명령을 조장하거나 요청하거나 실행하거나 또는 실행되도록 만드는 자는 처벌되어야 한다. 그러나 법에 의해 소환되거나 체포된 시민은 모두가 즉시 복종해야 하며, 저항하면 유죄가 된다.

8. 법은 절대적으로 명확하게 필요한 처벌만을 부과해야 한다. 범법 이전에 공포되어 합법적으로 적용된 법률에 의하지 않고는

누구도 처벌될 수 없다.

9. 모든 사람은 유죄가 선고되기 전에는 무죄로 추정되므로, 구금이 불가피하게 될지라도 그의 신병을 확보하는 데 필요한 것을 넘어서는 모든 가혹 행위는 법에 의해 금지되어야 한다.

10. 누구도 종교적인 견해를 포함하는 자신의 견해가 법에 의해 확립된 공공질서를 교란시키지 않는 한 그 견해 때문에 박해를 받지 않는다.

11. 사상과 견해의 제약 없는 소통이 가장 소중한 인권의 하나이기 때문에 모든 시민은 자유롭게 말하고 쓰고 출판할 수 있다. 단 그 자유의 남용에 대해서는 법에 의해 규정된 사례에 따라 책임을 진다.

12. 인간과 시민의 권리를 확보하려면 공권력이 필수적이지만 그것은 공권력을 위탁받은 사람들의 특정 이익이 아니라 공동체의 이익을 위해 시행되어야 한다.

13. 공권력의 유지를 위해, 그리고 정부의 다른 비용을 지불하기 위해 공동의 기여는 필수적이기 때문에 그것은 모든 시민들 사이에서 그들의 능력에 따라 평등하게 분배되어야 한다.

14. 모든 시민은 스스로 또는 그들의 대표자를 통해 공동 기여의 필요성과 그 할당, 액수, 징수 방법, 기간 등의 결정에 자유로운 발

언권을 갖는다.

15. 모든 공동체는 모든 공직자에게 그들의 행위에 관한 설명을 요구할 권리를 갖는다.

16. 권력의 분립과 권리의 확보가 갖추어지지 않은 모든 공동체는 헌법을 필요로 한다.

17. 재산권은 침해될 수 없고 신성하기 때문에 어느 누구도 박탈될 수 없다. 단 공공의 필요성이 명백하고 법적으로 확인되었을 경우에는 사전의 공정한 보상 조건으로 가능하다.

이것은 리처드 프라이스Richard Price[9]에 의해 이루어졌다고 알려진 최초의 영어 번역으로, 토머스 페인이 『인간의 권리』에서 버크를 공격할 때 삽입했다.

선구자로 이미 유명했던[10] 페인은 혁명을 일으킨 프랑스를 폄하하는 에드먼드 버크에 분노하면서 그를 전면적으로 비판하는 반박문을 썼고 그 반박문은 그 공격 대상보다 훨씬 더 많이 팔렸다. 페인은 버크가 허세를 부리며 자랑했던 영국의 헌법이 연륜이 오래된 인간 지혜의 산물이기는커녕 그 자체가 존재하지 않을 뿐이라고 선언했다. 영국은 세습적인 국왕과 약탈만을 일삼는 귀족을 제외하면 어느 누구의 권리도 보호해주지 않는 잡다한 관습이 자의적으로 뒤섞인 잡동사니에 의해 지배받는다는 것이다. 게다가 그 귀족(nobility)은 "무능력자"(no-ability)라고 불려 마땅했다. 이제는 살아 있는 자들의 이익을 위하여 "죽은 자들이 문서로 꾸민 권위"를 폐기하고 인간의 권리에 기초를 둔 혁명을 일으킨 프랑스와 같은 진정한 헌법을 확립시켜야 할 때가 되었다는 것이다. 결국 이러한 마찰 때문에 페인은 기소를 피해 영국에서 도주한 뒤 1792년 프랑스의 국민공회에서 의원으로 선출되었다. 그러나 그는 인권이 점차 뒷전으로 밀려나는 것을 보게 되었다. 몇 년 이내에 프랑스는 선언문의 초안을 다시 잡았고 유보했으며 그것을 재차 기안했다. 나폴레옹은 다음 헌법에서 인권을 완전히 포기했다. 그러나 이후의 모든 헌법 입안자들은 그러한 선언문을 포함시켜야 할지 아닐지 원칙적인 결정을 내려야 할 필요성을 느꼈다. 그리고 그 사람들은 어떤 시점에서건 1789년의 원문으로 되돌아갔다. 1948년 갓 태어난 국제연합(UN)이 세계인권선언을 채택하기로 결정했을 때 그 전문과 30개의 조항 중 14개는 1789년의 인권선언문으로부터 내용을 차용했고, 때로는 표현까지도 똑같았다. 추가로 두 개의 조항은 더 야심적인 1793년의 선언문으로부터 차용했고 하나는 더 온건했던 1795년의 권리와 의무의 선언으로부터 차용했다. 1953년에 채택된 유럽 인권조약European Convention on Human Rights은 1789년의 조항과 언어로 가득차 있다. 비록 프랑스는 1973년까지 유럽 인권조약을 인준하지 않았지만 프랑스혁명 200주년을 기념하는 1989년에 대통령 프랑수아 미테랑François Mitterrand은 프랑스혁명이 인권의 혁명으로 기념되어야 한다고 명했다.

논쟁 중인 유산

그것은 헛된 희망이었다. 항상 그래왔듯 영국인들은 프랑스의 잔치를 망치기로 작정했다. 영국의 왕실은 국왕을 살해한 혁명 기념식에 참석하기를 거부했다. 마거릿 대처Margaret Thatcher 총리는 인권을 발명한 것이 영국이라고 선언하면서 미테랑에게 호화장정의 『두 도시 이야기』 한 권을 보냈다. 미국에서 활동하는 영국 역사가 사이먼 샤머Simon Schama는 프랑스혁명의 역사를 기록한 방대한 저서 『시민들*Citizens*』(1989)에서 그 본질은 폭력과 학살이라고 주장했다. 그 책은 버크, 칼라일, 디킨스, 옥시 등이 헛되이 산고를 치르지 않았던 영국 시장에서 베스트셀러가 되었다. 그렇지만 프랑스 내부에서도 기념식은 신랄한 논란의 대상이 되었다. 인권선언문이 처음 선포되었을 때 공포정은 4년 뒤의 미래에 있었고 아직 기요틴은 발명되지도 않았지만 좋건 나쁘건 단일하고 일관적인 이야기로 혁명을 돌이켜보며 쉽게 의존할 수 있었던 사람은 별로 없었다. 좌파에게 공포정이란 잔혹한 필요악으로서 자유와 인권의 적들이 태어나려고 할 때마다 그들을 질식시켜 죽여야 할 결단에서 나온 불가피한 일탈이었다. 우파에게 혁명은 애초에 질서와 종교에 대한 존중심을 파괴하는 데 몰두했다는 점에서 폭력적이었다. 어떤 사람들은 그 논리적 결말의 정점이 그저 공포정에서 그치지 않았고 방데와 같은 반혁명의 지역에서는 학살이 인종청소의 수준까지 도달하게 되었다고 논했다. 그러는 사이에 많은 가톨릭 성직자들은 종교적 관례에 대한 역사 최초의 공격을 가져왔던 사건에 대한 어떠한 기념식도 저주하였고, 그들이 사용한 언어는 두 세기 동안 거의 바뀌지 않았다. 그렇지만 미테랑은 그 모든 것을 즐겼다. 그는 자신 특유의 악의를 품은 채 혁명은 "여전히 두려움의 대상인데, 그것이 나를 즐겁게 만든다"고 회고했다.

따라서 프랑스혁명에 대한 생각이 브래크널 부인을 떨게 만든 지 한 세기가 지난 뒤에도 사람들 사이에는 여전히 "그 불행한 난동"의 결말이 어떤 것이었는지에 대한 견해에 깊은 간극이 있었다. 사람들마다 자신들이 알고 있다고 생각했다. 생생한 기억을 넘어서서 이만큼 열정적인 찬양과 혐오를 불러일으킬 수 있는 역사적 사건은 별로 없었다. 왜냐하면 우리 시대의 많은 제도와 습관과 태도와 반응이 우리가 생각하기에 그 당시에 무엇이 옳고 무엇이 글렀는지에 대한 판단으로 거슬러올라갈 수 있기 때문이다. 훗날 20세기의 논평가들은 중국의 주은래(周恩來) 총리가 했다는 말을 즐겨 인용했다. 그는 1970년대에 프랑스혁명의 결과가 어떠했는지 말하는 것은 아직 "시기상조"라고 생각했다고 전해진다. 여러 해가 지난 뒤 그가 염두에 두고 있었던 것은 1790년대가 아니라 1968년 파리에서 일어났던 사건들이었다는 사실이 드러났다. 그러나 1968년의 학생 시위자들조차 시기상으로 더 가까운 러시아와 중국과 쿠바의 혁명들을 선호하긴 했지만 그 좌익의 혁명들 역시 의존하곤 했던 더 먼 과거의 선구적인 혁명을 상기시키곤 했다. 과거에 일어났던 일에 대해 더 큰 지식을 얻는다 해서 마음을 바꾸는 일이 반드시 일어나지는 않는다. 그렇지만 그것은 현대사의 이 교차로에 대한 대다수 사람들의 호기심을 여전히 충족시켜주고 있는 단편적 조각들의 무작위적인 축적보다는 더 건전한 판단의 근거를 제공해 줄 수 있을 것이다.

제 2 장

왜 일어났는가?

우리는 어떤 일에 대해 기본적인 관념을 갖기 전까지는 그 일이 왜 일어났는지 논하기 어렵다. 그렇지만 프랑스혁명에 너무나 자세한 정의를 내리려는 거의 모든 시도는 편향적이며 그 다대한 복합성을 배제시킨다. 프랑스혁명에 대해 가장 확실한 것 하나는 그것이 단일한 사건이 아니었다는 사실이다.

그것은 여러 해에 걸쳐 전개된 "일련의" 양상으로서 당대의 대다수 사람들에게도 당혹스러운 "과정"이었다. 그것은 프랑스 국경 너머 멀리까지 잔향을 남겼던 불확실성과 무질서와 갈등이 지속된 시기였다. 그것은 1787년과 1789년 사이에 시작했다.

재정 파탄

위기의 방아쇠는 파산을 피하려는 루이 16세의 시도에 의해 당겨졌다. 18세기 동안 프랑스는 세계적 규모의 거대한 전쟁 세 개를 치렀다. 프랑스를 유럽의 가장 위대한 국가라고 간주했던 루이 14세(재위 기간 1643-1715)의 자만과 야심과 업적에 익숙했던 프랑스는 그 위대한 국왕의 사망 이후 세 세대에 걸쳐 러시아, 프로이센, 그리고 무엇보다도 영국이라는 신흥 강국의 성장에 따라 그러한 허세가 도전받고 있음을 알았다. 영국과의 경쟁은 세계의 모든 대양에서 벌어진 전쟁이었다. 그 전쟁에는 유럽이 채워지지 않는 식욕을 키워가고 있던 열대와 동양의 사치품과 그 재료 공급의 주도권이 걸려 있었다. 인도의 교두보, 중국의 역참, 모피가 풍부한 캐나다의 숲, 설탕과 커피가 생산될 수 있는 열대의 섬과 그곳에서 일할 노예의 공급처, 이런 것들이 1740년대와 1750년대에 영국과 프랑스가 거의 끊임없이 싸우던 전리품이었다. 그러나 프랑스는 육지에도 국경이 있었고 전통적으로 대륙에서 지켜야 할 이익도 있었으며, 18세기 중엽에 전쟁을 치르면서 루이 15세(재위 기간 1715-1774)는 자신의 군사력을 육지와 바다에서 모두 지나치게 확장시켰다. 7년 전쟁(1756-1763)의 결과는 재앙이었다. 러시아는 물론 전통적인 적국이었던 오스트리아와 동맹을 맺었음에도 불구하고 그의 육군은 신생 프로이센에게 굴욕을 당했다. 바다에서 영국군은 대서양과 지중해의 함대를 모두 격파하면서 프랑스의 세력을 인도와 북아메리카에서 축출하였으며 프랑스령 카리브해와의 교역을 거의 끊어버렸다. 1763년의 파리 조약에서 프랑스는 유럽에서 아무것도 얻지 못한 채 캐나다를 잃었고 인도의 기지 대부분을 잃었다. 그 패배가 전면적이고 굴욕적이었던 것에 더해 전쟁은 프랑스 왕국을 방대한 빚더미에 올려놓았는데, 그 빚은 갚아나가기는커녕 줄어들 기미조차 보이지 않았다. 빚을 갚는 데 조세의 60%가 탕진되었다. 그러나 급작스럽게 해군의 재건이 시작되었고 1770년대에 북아메리카의 영국 식민지인들이 독립을 선언했을 때 프랑스는 바다의 폭군들에 대한 복수의 기회를 보았다. 대영제국을 파멸시킬 전망과 그것이 가져다줄 교역의 보상은 다시 새로운 시도를 해볼 가치가 있어 보였고, 1778년에 루이 16세는 신생 미국을 보호하기 위해 전쟁에 나섰다. 이번에는 눈부신 성공이었다. 유럽대륙에서 평화가 유지되는 동안 프랑스는 영국을 고립시키는 동맹을 주도해 프랑스의 군대를 북미대륙으로 싣고 가기에 충분한 시간을 확보할 정도로 대서양에 대한 영국의 주도권을 붕괴시켰다. 1781년 요크타운에서 영국군이 항복했을 때 그 승리는 미국이라기보다는 프랑스에 의한 것이었다.[1]

그러나 1783년 평화조약이 체결되었을 때 프랑스는 영토를 획득하지 못했고, 독립을 얻은 미국인들은 전통적인 영국과의 교역 관계를 포기하려는 조짐을 보이지 않았다. 그러는 사이에 전쟁 비용은 조세 수입의 확연한 증가라기보다는 새롭게 빚을 얻어 충당하였다. 재정적인 면에서 전쟁은 결코 일찍 끝나지 않았다. 대규모 부채는 평화의 시기까지 지속되었다. 1786년에 이르면 조세 수입의 가시적인 감소와 전쟁 부채에 대한 예정된 단기 상환이 재정적 위기를 초래하게 되었다.

프랑스에 강대국으로 존속할 재원이 결여된 것은 아니었다. 다음 세대에 걸쳐 프랑스는 이전 어느 때보다도 더 완벽하게 유럽 대륙을 지배하게 될 것이었다. 오히려 문제는 그 재원이 정부 체계나 사회 구조 그리고 특정한 문화 때문에 막혀 있었다는 사실에 있었다. 그 문화를 혁명가들은 곧 앙시앵레짐ancien régime, 즉 구체제라고 부르게 되었다. 그것으로부터 벗어나기 위해서는 혁명이 필요했다.

구체제: 정부

정치적인 의미로 혁명 이전의 프랑스는 절대왕정이었다. 왕은 자신의 권력을 누구와도 나누지 않으며 권력을 행사함에 있어 단지 신에게만 책임을 질 뿐이다. 재정을 비롯한 국가의 업무는 모두 그의 사적 영역에 속했다. 모든 일에 있어서 그가 내린 결정이 최종적이라는 점에서 그는 최고의 지배자였다. 반면 완전히 자유로운 행위자가 아니었고 그렇게 되기를 바라지도 않았다. 루이 14세조차 모든 중요한 결정을 내릴 때 조언을 조심스럽게 받아들였으며 왕이 되기로 태어난 남자들은(프랑스에서 여왕의 지배는 법으로 금지되었다) 조언이 군주의 권위의 기본을 이룬다고 세심하게 교육받았다. 루이 16세는 암묵적으로 그것을 믿었다. 그러나 그의 할아버지 루이 15세와 달리(그의 아버지는 왕위를 물려받기 전에 사망했다) 그는 대신들 대다수가 권했던 일을 항상 하지는 않았다. 그는 특히 재정에 대해 이해하고 있다고 생각했지만, 그것은 운명을 바꾼 망상으로 드러났다.

왕은 조언자를 선택함에 있어서도 제약이 없지 않았다. 비록 그는 조언자들을 이유 없이 해임할 수 있었지만, 그가 실제적으로 조언을 선택할 때 그 대상은 전문 행정가, 치안판사, 궁정 신하 등으로 국한되어 있었다. 그러나 그들조차도 궁정의 호사스러운 광휘 속에서 살 수 있을 만큼 부유한 몇백 가문에 속하는 상층 가신들 출신인 다른 대신들이나 왕의 총애를 받는 사람들의 음모를 거쳐 왕의 눈에 들 수 있었다. 루이 14세가 17세기에 확립시켰던 궁정 예법의 관행은 거의 변하지 않았고 거기에 갇혀 있던 두 명의 후계 왕들은 퐁텐블로, 콩피에뉴, 그리고 당연히 유럽 전역의 지배자들이 모방하던 권력의 웅장한 중심지였던 베르사유궁의 숲에서 사냥을 하며 돌아다니는 삶을 살았다. 그들은 수도 파리를 방문했지만 그 기간은 짧았다. 루이 14세가 왕가의 이러한 생활 방식을 고수했던 것은 그가 미성년자 시절에 있었던 프롱드의 난(1648-1653)에서 왕가의 권위에 저항했던 그 소란스럽고 변덕스러운 도시의 주민들과 의도적으로 거리를 두기 위해서였다.[2] 이에 맞서서 파리 시민들도 궁정을 계속 의심하고 경멸했다. 1770년에 오스트리아의 공주 마리 앙투아네트와 미래의 루이 16세의 결혼식을 축하하는 의례가 파리에서 열렸을 때 132명이 압사하는 사태가 벌어졌지만 베르사유에서는 그와 상관없이 잔치가 열렸고 1789년에 많은 사람들은 아직 이 일을 기억하고 있었다. 오래된 적과의 불운한 동맹을 상징하듯 경박한 마리 앙투아네트는 결코 인기를 얻지 못했는데, 1781년 뒤늦게 루이 16세에게 후계자를 안겨주었을 때도 마찬가지였다. 그녀의 사치는 너무도 유명해서, 1786년 호사스러운 다이아몬드 목걸이를 비밀리에 구매했다는 것과 같은 소문들은 반박되었음에도 불구하고 사람들은 여전히 그 소문을 믿었다. 늙어서도 정력적이던 할아버지와 달리 루이 16세는 정부를 둔 적이 없는 성실한 가정적 인간이었다. 그렇지만 그 사실이 그의 인기 없는 아내에게 대중의 험악한 관심이 더 많이 쏠리도록 만들었다.

국가 전반에 대해 왕이 갖는 절대적 권위는 전권을 갖던 소수의 집행관, 즉 지사(intendant)에게 실체화되어 있었다. 그들 각자에게는 루이 16세의 왕국이 분할되어 있던 36개의 구역이 할당되었다. 왕은 그들을 통해 자신의 정부를 과시한다고 생각했고, 그들의 수준 높은 전문성에 대해서는 의심의 여지가 없었다. 그러나 그들은 권위주의적인 태도로 말미암아 더욱더 큰 원망을 사게 되었고, 그들의 결함과 잘못은 17세기 이래로 그들이 권위를 빼앗아갔던 기관에 의해 무자비하게 비난받았다. 예컨대 일부 거대한 구역에서 조세에는 여전히 신분회의 동의가 요구되었다. 신분회[3]는 선출된 자는 거의 없었고 최종 거부권도 갖지 못하던 대표자들의 회의였지만 자율성을 갖고 있다는 허울 때문에 왕을 대신하여 비교적 저렴하게 돈을 빌릴 수 있었다. 무엇보다도 지사의 재정적, 행정적 작업은 법원에 의해 항상 저지되었는데, 법원은 사법적 기능 외에 행정적 기능도 갖고 있었다. 사법적 위계질서의 정상에는 13개의 고등법원이 있었는데, 그것은 최고의 상소 법원으로서 중요한 모든 왕령의 법안이 작동하기 위해서는 이곳의 인가가 필요했다. 고등법원에서는 인가하기 이전에 새로운 법안의 결함이나 단점을 지적하는 항의서를 왕에게 보낼 권한을 갖고 있었다. 18세기를 통틀어 공개적인 정치적 논의는 결코 신민의 일이 아니라고 여겨졌던 나라에서 항의서가 인쇄되어 공포되는 경우가 증가하면서 군주제 정부의 원칙을 공적인 토론에 노출시키게 되었다. 궁극적으로 국왕은 그러한 항의를 무시할 수 있었지만 ("법의 침대"lit de justice라고 알려져 있는)[4] 왕이나 왕의 대리인은 직접 법정에 와서 법적 인가를 받으려는 항의 사항을 검토해야 하는 고되고 요란한 과정을 겪어야 했다. 그것은 왕의 권위는 물론 판사들의 저항도 강조했다.

구체제의 모든 측면이 그렇듯 구체제 프랑스의 사법적, 제도적 지도에는 일관성이 없었다. 어떤 고등법원은 작은 지역에서만 주재했던 반면 어떤 고등법원은 방대한 지역을 관장했다. 파리 고등법원의 관할권은 왕국의 1/3에 달했다. 그러나 1250명의 고등법원 구성원 모두는 매관매직의 결과로 그 직위를 차지했다. 16세기 이래로 국왕은 약간의 지출을 차용하는 수단으로서 세습적인 재직권이나 재량에 의한 임명권은 물론 관직을 체계적으로 팔았다. 18세기에 이르면 7만 여 개의 관직 매매가 사법부를 넘어 널리 확산되어 있었지만 매관매직 중에서도 핵심 요직은 3200여 개의 법복귀족[5]으로 사법부의 관직 자체를 얻으면 작위가 수여되었다. 그중에 가장 특권층은 고등법원 판사들이었는데, 왜냐하면 그들을 해임하려면 그들 관직의 가격을 반환해야 했고 따라서 그들의 임기는 사실상 도전받은 적이 없었기 때문이다. 왕은 힘으로 그들을 위협할 수 있었지만 그들에게 반환할 돈이 없는 한 그들을 해임할 수는 없었다.

따라서 18세기를 통틀어 그들은 국왕의 종교적, 재정적 정책에 대한 비판과 방해의 수위를 더욱더 높여갈 수 있었다. 1771년이 되어서야 루이 15세의 장관들은 폐지되는 관직에 대한 보상을 약속받을 수 있다고 느꼈고 그 뒤 고등법원은 무자비하게 구조 조정되고 재갈이 물렸다. 제약 없는 개혁을 위한 기회가 생겼다. 그러나 그에 대한 책임을 가졌던 재상이었던 모포Maupeou는 진지한 개혁 의도가 없었고 그 기회를 날려버렸다. 그러는 사이에 더욱더 왕을 대변하지 않는 신하들의 목소리로 비치게 된 고등법원에 대한 모포의 공격은 인기가 없었던 것으로 판명 났다. 자신감과 대중성의 분위기 속에서 치세를 시작하려고 애썼던 젊은 루이 16세는 결국 설득을 당해 모포를 해임하고 고등법원을 복구시켰다.

단기적으로 그것은 작동했다. 비록 지방의 일부 고등법원은 다루기 까다로운 채로 남아 있었고 어느 때보다도 더 지역의 지사들을 방해했지만 결정적으로 중요한 파리의 고등법원은 10여 년 동안 상당히 유연성이 있었던 것으로 나타났다. 그렇지만 그것은 왕이 과격한 일을 시도하지 않는다는 것을 대가로 했다. 혁신은 위험한 것으로 비쳤으며 대다수의 장관들조차 그렇게 받아들였다. 도로에서 행하는 강제 노역을 세금으로 대체하려는 법안에 대한 1776년의 고등법원의 항의서는 이렇게 주장했다.

> 인간성과 자비라는 명목 아래 사람들 사이의 의무의 평등을 확립하려 하고 질서 잡힌 군주정에 필요한 차별을 파괴하려고 하는 체제는 그 어떤 것이라 할지라도 곧 무질서에 도달하게 된다…… 그 결과는 시민 사회의 전복으로 귀결될 것이며, 시민 사회의 조화는 단지 모든 사람을 각자의 위치에 고정시켜 모든 신분을 혼란으로부터 막아주는 권력과 권위와 탁월성과 차별의 위계질서에 의해서만 유지된다. 이러한 사회 질서는 모든 건전한 통치의 실행에 필수적인 것뿐만이 아니다. 그것은 신성한 법에 기원을 두고 있다. 우주를 계획했던 무한하고 불변하는 지혜는 힘과 품격의 불평등한 분배를 확립시켰고, 그것은 국가 질서 내부에서 인간 조건의 불평등으로 반드시 귀결된다…… 이러한 제도는 우연에 의해 형성되지 않았고 시간도 그것을 바꾸지 못한다. 그것을 철폐한다면 프랑스라는 국가의 체제 자체가 전복되어야만 한다.

구체제: 사회

그렇지만 프랑스 국왕이 자신의 신하의 유서 깊은 특권과 불평등을 어느 정도 수정하지 않는다면 국제적인 위신을 유지해나가기는 힘들었을 것이다. 왕국의 일관성은 특권이나 면책의 구조에서 가장 현저하게 결여되어 있었는데, 어떤 제도나 집단이나 지역일지라도 다른 곳과는 아주 다른 지위를 부여받고 있었기 때문이었다. 왕국은 오랜 세기에 걸쳐 점진적이지만 때로는 우연적인 정복의 과정과 왕조가 쌓아놓았던 것들 위에 세워져 있었고, 계승되는 왕들마다 새로운 신하들의 복종을 얻을 수 있었던 것은 그들에게 자신들이 선호하던 새로운 통치 유형을 부과하기보다는 그들에게 특권을 부여하는 제도를 인정함으로써 가능했다. 16세기 이래로 이러한 혼란은 간접적인 차용의 수단으로 (대체적으로는 관직 매매에 의해 이루어졌지만 반드시 그렇지만은 않은) 특권과 면제권을 매매하며 가중되었다. 이전의 시대에는 세금을 내라고 강요하려 하느니 차라리 세금을 부과시키는 일이 더 쉬웠다. 어찌되었든 사회에서 가장 강력한 집단은 감면 특권을 위한 설득력 있는 이유를 다듬어놓고 있었다. 왕국 토지의 1/6로부터 세금을 거두어들이고 금상첨화로 십일조라는 이름으로 나머지 소출의 명목적인 1/10을 거두어들이는 방대한 조직인 성직자는 사회를 위해 기도하고 신에게 중재자 역할을 함으로써 그 임무를 수행하고 있다는 근거로 직접세를 전혀 내지 않았다. 토지의 1/4 이상을 소유했던 사회의 지도층인 귀족은 나머지 대다수의 사람들에게 봉건적 세금을 징수하였고 신흥 부자들에게 관직을 부여하는 직책을 팔아 그들을 점차 자신의 계급으로 빨아들였으며, 그들 역시 직접세 부과에 저항했다. 그들의 논리에 따르면 귀족은 전쟁에 나가 싸우며 왕국을 지키기에 그들의 피로써 왕국에 봉사했다는 것이다. 많은 자들이 (단지 장교로서만) 칼을 뽑은 적이 있지만 더 많은 자들은 그들의 지위를 증명하기 위해 차고 있던 칼을 뽑아본 적이 결코 없었다. 어찌되었든 그 오래된 논리는 1695년부터 도입된 새로운 직접세로부터 귀족들을 면제시켜주기에 실패했다. 그럼에도 불구하고 대다수 지역에서 귀족들은 도로의 강제 노역은 고사하고 가장 오래되고 근본적인 직접세인 타이유taille 납부하기를 계속 회피했다. 부유한 평민들은 작위를 부여하는 관직을 사는 것까지 형편이 되지 않더라도 직접세의 감면 특권은 쉽게 구입할 수 있었다. 단지 다른 도시나 지역으로 이사를 가는 것만으로도 실질적인 재정적 혜택을 확보하기에 충분했다. 바꾸어 말해서 과세의 부담은 지불할 능력이 가장 없는 사람들에게 불균형적으로 떨어졌다. 어떤 방식으로든 부유한 사람들은 과세를 피할 수 있었다. 국왕의 가장 부유한 신하로서 그의 사촌이었던 오를레앙 공은 자신이 좋아하는 것만 지불한다고 자랑하고 다녔다.

실질적인 의미에서 18세기에 프랑스인들이 부담해야 했던 세금은 줄었다. 그렇지만 얼마를 지불했건 그들은 모두 지나치게 많은 세금이 부과되었다고 생각했다. 그렇기에 고등법원의 판사들은 모두가 귀족이며 자신들 이익만을 대변하고 있었음에도 고등법원의 조세저항은 매우 인기가 높았다. 그럼에도 불구하고 고등법원에서조차 어떤 비상사태에는 더 높은 과세가 필요하다는 사실을 인정하여 1749년에는 부동산에 대한 1/20세의 새로운 징수를 묵인했다. 그것을 1756년에는 두 배로 1760년에는 세 배로 인상하기까지 했다. 그러나 세번째의 1/20세는 7년 전쟁이 끝나자 소멸했으며 그러는 사이에 모든 종류의 지역적, 제도적 경감 조치가 협상되었는데 특히 성직자의 경우와 신분회를 보유하고 있는 지역에서 그러했다. 일단 세액이 확정된 다음에는 꾸준한 물가 상승의 시대였음에도 불구하고 고등법원은 언제나 세금 수정안에 저항했다. 재정 개혁 필요성에 대한 고등법원의 불신은 1770년대 말 상당한 양의 새로운 세금이 없이 미국 전쟁이 시작되고 4년 동안 지속되었을 때 확인되었다. 이것은 제네바의 은행가 자크 네케르Jacques Necker의 업적으로 그는 그 믿기 어려운 공적을 "절약"으로 성취했다고 주장했는데, 그것은 전통적으로 공공의 자금을 탈취한다고 의심받던 두 집단인 궁정 신하들과 매관매직을 한 정부 재정 담당 관료들이 대가를 치르도록 만들었다. 그러나 그렇듯 과시적인 절약의 목적은 전쟁 비용을 직접 치르려는 것이 아니라 대출을 유지할 수 있도록 국제 화폐 시장에서 프랑스의 신용을 부양시키려는 것이었다. 네케르는 1781년에 왕실 재정에 대한 최초의 공식적 진술인「국왕 보고서Compte rendu au roi」를 발간하며 승리의 나팔을 불었다. 그것은 왕의 "일상적" 비용이 약간 흑자였음을 보여주었다. 그것이 대중이 듣기 원하던 것이었고 "일상적"인 흑자라는 신용 위에 쌓인 부채를 포함하는 막대한 "비일상적" 지출이 언급되지 않고 넘어갔다는 사실에 관심을 두는 사람은 거의 없었다. 장기적인 결과는 왕국의 세수를 증대시키기 위한 네케르의 후임자들의 모든 시도를 어렵게 만든 것이었고, 전쟁이 끝난 뒤에는 특히 더 그러했다. 훗날 사람들은 물었다. 1781년에 아무 문제가 없었다면 그 이후에 무엇이 잘못되었는가, 누가 책임을 져야 했는가?

네케르는 재상이라기보다는 부채에 관한 고문으로 영입되었다. 사실상 외국에서 태어난 개신교도로서 그는 개신교가 1685년 이후 인정받지 못했던 왕국에서 공직에 나설 자격이 없었다. 그러나 그는 곧 대신이라는 관직이 갖는 권리로 정규적으로 왕을 직접 알현하지 않는다면 대신들에게 재정적 원칙을 부과할 수 없다는 것을 알아차렸다. 네케르가 자신의 인기에 편승하여 왕으로 하여금 자신이 왕의 최측근 조언자임을 인정하라고 압박했을 때 그는 거절을 당하자 사임했다. 이러한 몸짓은 선례가 없는 일이었다. 프랑스의 국왕에게 사임을 하는 일은 있을 수 없었다. 또한 이전의 어느 대신들도 지금 네케르가 했던 것처럼 행동하지 않았다. 즉 아무도 재정적인 문제에 대해 공표를 하거나 후임자들의 정책에 대한 비판을 지휘하지 않았다. 절대왕정의 관행에 대해 이 외국인이 파악했던 것은 재정적 문제는 물론 정치적 문제에 있어서도 여론 또는 정부가 여론이라고 여기던 것의 중요성이 더욱더 커지고 있었다는 사실이다. 또한 대중의 신뢰가 없이는 가장 절대적인 지배자조차 이룰 수 있는 것이 거의 없었다는 사실이다. 어쩌면 가장 절대적인 지배자라서 특히 더 그러했을 수도 있다.

여론

무수히 많은 방식의 억압이 있었다는 것은 명백했다. 예컨대 1720년과 1788년 사이 왕정 재정의 역사 전체가 파산을 피하려는 투쟁이었다고 한다면 그 이유는 이전의 왕들이 거의 일상적으로 행했던 것처럼 채무를 부인하는 일이 더이상 합법적인 대안으로 받아들여지지 않았기 때문이다. 또다른 개신교도 외국인인 스코틀랜드의 존 로John Law가 축적된 부채를 상업적인 "왕립 은행"의 자산으로 흡수함으로써 루이 14세의 전쟁 부채를 무효화시키려고 시도했던 1720년의 금융 대폭락 때에는 수천 명의 사람이 파멸을 맞았다. 이러한 실험의 실패는 은행과 지폐가 네덜란드나 영국에서 프랑스에 대항해 유례가 없었던 전쟁을 지속하도록 만들어주었다는 사실에도 불구하고 은행과 지폐에 대한 지속적인 불신을 만들어냈다. 이어지는 세대에게 있어서 그렇게 고통스러운 기억을 불러일으킨다면 그 어떤 조치라도 상상조차 하기 힘들었다.

자신의 부채를 무효화시켰거나 그것을 짤랑거리는 주화가 아닌 위태로운 지폐로 지불한 왕은 신민의 재산에 무책임하게 술수를 쓰거나 자의적으로 행동하는 것으로 여겨졌다. 반면 프랑스의 사법 전통에서 왕의 권위는 법을 준수하고 충고에 따라 진행하며 신이 보살피고 보호하라고 위탁했던 자들의 권리와 특권을 존중하라고 기대되었던 것이다. 18세기에 이러한 기대는 (아이작 뉴턴Isaac Newton이 증명했던 것처럼) 자연 자체는 신의 변덕이 아니라 변함없는 법칙에 따라 작동하기 때문에 가능한 한 인간사는 이성에 뿌리를 두고 있는 고정되고 규칙적인 법칙에 따라 영위되어야 한다는 널리 퍼진 확신에 의해 강화되었다. 그 이성의 세계에서 자의성의 범위는 최소한으로 축소되었다. 한 개인이 지배할 때 이성적인 정치 외의 모든 것은 폭정일 뿐이었다. 그것은 그 세기에 가장 영향력이 컸던 정치학자 몽테스키외Montesquieu가 최악의 모든 정부에 대해 그의 동포들에게 가르쳤던 것이었다. 최악의 정부란 어떤 법도 지배자의 변덕으로부터 신민의 권리를 보호하지 않는 정부를 가리켰다. 그리하여 1770년 많은 사람들이 부분적 파산이라고 보았던 일련의 가혹한 부채 통합에 고등법원에 대한 모포의 공격이 뒤따르자 전제주의가 나타난 것처럼 보였다. 지배자와 신민들 사이의 전통적인 완충 지대가 사라졌던 것이다. 루이 16세가 왕위를 계승한 뒤 옛 고등법원을 복구시켰음에도 불구하고 전통적인 국가 체제 구조에 대한 본능적인 자신감은 결코 완전히 소생될 수 없었다.

그렇지만 비록 대중은 더 높은 세금이나 파산의 필요성을 알지 못했다 할지라도 그 둘 중의 하나를 시도할 만큼 강력하고 자신 있는 정부라면 전반적인 지지를 받을 다른 개혁을 수행할 수 있었을 것이다. 예컨대 사법부에는 인원이 넘쳐나지만 직책은 부족하며 사법의 진행 과정은 느리고 비싸고 신뢰받지 못했다. 형사 재판에서 잇달아 일어난 오심은 능력에 따른 합리적 검증이 아니라 세습이나 매관매직에 의해 판사를 충원했던 체제의 잔혹성이나 경박성을 노출시켰다. 1670년대에 법전화 시도가 소멸한 곳에서 법의 미궁과도 같은 복잡성은 지방색이 짙고 지역적인 편차가 큰 수많은 관행과 특권에 의해 유지되었으며, 여러 세기에 걸쳐 그런 관행 중 많은 것들이 현찰 지불이라는 보상을 받으며 되풀이되었다. 피해자들에게 보상을 하지 않으면서 이중 어떤 것이라도 개혁을 한다는 것은 많은 이들에게 공적인 믿음을 깨는 것으로, 파산했다는 사실을 위장한다고 보일 것이다. 그렇지만 개혁을 달성하기 위해 필요한 자금을 찾을 다른 전망은 없었다.

더 사려 깊은 관찰자들은 그 일을 성사시킬 방법이 있었다고 믿었다. 만일 경제적 생산성이 향상된다면 재정적 혜택은 자동적으로 뒤따르리라는 것이었다. 중농주의자들 또는 "경제학자들"(그들이 최초로 이런 이름을 사용했다)은[6] 모든 참된 부는 농업으로부터 나오며 만일 자연법이 인위적인 제약으로 방해받지 않는다면 토지는 더 많이 생산할 것이라고 주장했다. 그것은 현금이나 현물 또는 십일조와 같은 봉건적 공납의 부담스러운 부과금을 폐지해야 한다는 내용을 함축한다. 또한 그것은 특히 곡물 거래에서 가격 통제의 제거와 자유로운 교환을 말하는 상업의 자유화를 뜻했다. 이 사상가들의 주장에 따르면 농업과 비교할 때 산업이나 상업은 덜 중요하다. 그것은 참된 부를 생산하지 않기 때문이다. 그러나 이곳에서도 자연적 행동은 독점적 거래와 상업 길드에 의해 부과된 제약 등의 지나친 규제로 방해받고 있었다. 18세기 중엽 이후 행정가들은 모든 수준에서 그러한 개혁적인 발상이 점점 더 매력적이라고 여기게 되었다. 그러나 그들이 그 생각을 실험에 옮기기만 하면 처음부터 수없이 많은 난관에 부딪쳤다. 정부에서는 일시적인 세수 감소조차 고려할 수 없었다. 세금 하나를 도입하는 것이 초래하게 될 법원과 높은 신분과 다양한 법인 단체로부터 받게 될 저항은 두말할 필요도 없었다. 봉건적 공납도 마찬가지였다. 그것은 보상이 없이 공평하게 폐지될 수 없는 재산권이었다. 봉건적 공납의 폐지를 옹호했던 책은 1776년 파리 고등법원의 명령에 의해 공개적으로 불에 태워졌다. 십일조에 대해 말하자면 그것은 교구 성직자의 주된 수입원이었다. 그것을 대체할 재원은 어디에서 구해야 했을까? 그러는 사이에 산업과 상업에서는 규제를 완화시킨다는 기미가 보이자마자 상인과 상공위원회와 길드 마스터의 조직적인 로비에 따른 격렬한 저항이 있었다. 1786년에 이르러서야 해외 식민지와의 무역은 완전히 자유롭게 개방되었으며 파리 상인 길드의 독점을 폐지하려던 10년 전의 시도는 몇 달의 혼란 끝에 포기되었다. 사실상 중농주의 정책이 전면적으로 펼쳐질 경우 가장 타격을 받을 사람들은 너무 약해 저항조차 하지 못했다. 그들은 왕의 가장 가난한 신민이었다. 그들은 1760년 이래로 곡물 거래 규정을 완화시키려는 실험에 맞서야 했다. 그 논리는 곡물 가격이 "자연적" 수준으로 오르게 만드는 것이었다. 그 이론에 따르면 곡물 가격이 높아지면 농부들은 생산량을 증가시킬 것이며 그것은 "풍요"로 귀결되리라는 것이었다. 그렇지만 단기적으로 볼 때 높은 곡물 가격은 비싼 빵을 뜻했고 흉년에는 특히 더 그러했다. 1763년과 1775년 사이에 있었던 최초의 규정 완화 실험들은 모두 그런 결말로 이어졌다. 판사들과 지방 당국자들이 처음부터 경고했듯 빵의 가격이 앙등하여 시장에 빵이 사라지자 공공 질서가 파괴되었다. 비상 물품을 확보하기 위해 대신들이 거간과 회동했을 때 그들은 국민을 굶겨 죽이기 위해 "기근 동맹"[7]을 맺었다는 비난을 받았다. 1775년 5월 루이 16세의 대관식이 열리기 몇 주 전부터 대중의 선의는 재개된 규정 완화와 그에 뒤따른 "밀가루 전쟁"[8] 곡물 폭동에 대한 가혹한 진압에 의해 고갈되었다. 언제나처럼 인기를 코웃음 치는 네케르는 거래를 완벽하게 장악하고 있었다 할지라도 그의 후임자들은 서툰 짓을 다시 시작했다. 1788년 추수가 완전히 실패했을 때 이전 몇 년 동안의 자유 무역은 농업 왕국 프랑스의 민낯을 드러냈다. 그리고 국왕이 평민들을 아사로부터 보호해줄 것이라는 믿음은 평민만이 대가를 치르게 했던 한 세대에 걸친 경제 실험에 의해 완전히 소진되었다.

또한 그들은 교회에 있는 신의 충복들로부터 큰 위안을 얻을 수 있으리라는 기대도 더이상 갖지 않았다. 물론 제대로 보수를 받지 않는 교구의 성직자들과 병원과 구빈원에서 봉사하는 이타적인 수녀들에 대한 존경심은 컸다고 할지라도 교회 재산의 기형에 가까운 편향적 분배와 그에 따른 더 큰 수혜자들이 특권을 확고하게 수호하려는 행태에 대한 혐오감은 널리 퍼져 있었다. 18세기 중엽부터 가톨릭의 위계질서는 얀센주의[9]의 이름으로 교회의 권위에 의문을 품었던 저항적인 성직자들을 광적으로 처형함으로써 대중의 신뢰를 많이 잃었다. 금욕적인 신조의 얀센주의는 1713년 교황의 칙서 우니게니투스Unigenitus에 의해 이단으로 선고되었다.[10] 얀센주의자들은 파리 고등법원에 있던 동조자들의 보호를 받았으며, 죽어가는 얀센주의자들을 위한 종부성사를 거부했던 성직자들에 대한 1740년대와 1750년대의 일련의 법적 소송은 가톨릭 위계질서에 대한 광범위한 분노가 들끓게 만들었다. 1757년 루이 15세가 (상처를 입지 않고) 칼에 찔렸을 때 이 반쯤은 미친 공격자는 얀센주의자들이 박해받는 것에 막연하게 동정심을 가져 그렇게 행동했던 것처럼 보였다. 그 뒤 1760년대에 얀센주의자들의 가장 오래되고 완강한 적인 제수이트회가 고등법원의 소송에 연루되었을 때 얀센주의자들이 승리를 거두는 것처럼 보였다. 판사들은 그 소송을 구실로 삼아 제수이트회를 법원의 판결에서 배제시켰다. 다른 고등법원들마다 그 판례를 따랐고 의견이 갈린 정부에서는 그것을 묵인했다. 300년에 걸쳐 사회 지도층 거의 대부분을 가르쳐왔던 수도회를 왕국에서 추방한 일은 엄청난 교육 변혁을 불러일으켰다. 제수이트회의 대학교 106개를 폐쇄하자 국가의 교육과정에 해당하는 것이 붕괴되었고 한 세대에 걸친 교육의 논쟁과 실험이 시작되었다. 그와 거의 동시에 부진한 수도원들을 조사하고 병합할 위원회가 설립되었다는 사실은 교회에서 더 광범위한 개혁까지도 가능하리라는 것을 시사해주었다.

이전 세기의 과학적, 인문학적 발전이 계몽사상이라는 이름으로 알려지게 된 비판의 운동으로 정제되기 시작했던 1720년대 이래로 교육받은 비판자들이 그러한 개혁을 계속 요구하고 있었던 것은 확실하다. 계몽의 가치를 대중화시키려고 시도했던 자칭 "철학자들"에게 기존의 교회는 사회악 대부분의 뿌리였다. 오랜 세월에 걸쳐 성직자들은 복음의 자비로운 교훈은 결코 논하지 않은 채 그것을 엄청난 양의 미신과 비이성으로 뒤덮어왔던 것처럼 보였다. 그것은 그들이 국가에 갖던 영향력은 물론 교육 제도의 통제를 통해 지속될 수 있었다. 잔혹함과 불관용을 고취하면서 행복했던 그들은 비생산적인 수도승과 씀씀이가 헤픈 참사회와 고위 성직자들의 무사안일을 지탱해주기에 충분할 정도로 기형적인 재산을 축적했다. 빈민 구제와 병원 봉사와 같은. 교회가 제공하는 사회사업조차 비이성적으로 자금이 조달되고 비효율적으로 조직되었다. 이러한 비판은 풍자와 조롱으로 표현되었는데, 18세기 중엽 교회 내부에서의 분쟁은 그에 풍부한 자료를 제공했다. 교회의 대응 방식은 불필요하게 넘쳐나는 수도원에 조치를 취하는 것과 같은 내부 개혁을 통해 자체의 취약성을 줄이려고 시도하는 한편 더욱더 엄격하고 경계를 늦추지 않는 검열을 요구한 것이었다. 그렇지만 그 두 가지 시도 모두 가톨릭교회에 대한 신뢰를 복구하지 못했다. 그 제도의 기본적인 무기력과 완고함과 자기만족이 다양한 방식으로 사회의 모든 계층에서 공감을 잃게 만들었던 것이다.

어떤 의미에서 교회는 그 자체가 이룩한 성공의 희생물이었다. 18세기에 문자 해독율을 인구의 1/5 정도에서 1/3 정도까지 올린 헌신적인 성직자 선생님들의 노력에 버금가는 일은 없었다. 더 많은 독자는 모든 종류의 읽을거리에 대한 더 큰 수요를 만들어냈다. 책의 생산이 치솟았다. 잠깐 읽고 마는 자료인 길거리에서 파는 싸구려 책자나 대중을 대상으로 하는 소송 개요나 신문도 마찬가지였다. 루이 16세의 시대에 이르면 파리에는 일간 신문이 있었고 지역 도시의 대다수에는 주간지가 있었다. 그 신문들은 주로 광고를 위한 간행물이었고 간혹 뉴스를 전한다 할지라도 전반적으로 논평은 없었다. 그러나 해외에서 출판되는 불어로 나오는 언론물이 번성하고 있어서 사회 문제에 대한 진지한 관심은 충족될 수 있었다. 또한 일상적인 독서 비용은 신속하게 숫자가 늘어나던 독서 모임에 가입함으로써 절감될 수 있었다. 그 독서 모임들의 도서관에서는 중요한 정기간행물 모두를 구독하고 있었다. 인쇄물의 수요가 늘어나고 있다는 것을 보여주는 또다른 지표는 정부의 검열관 인원이 늘어났다는 사실이다. 대중에게 중요하다고 여겨지는 모든 출판물은 검열관에게 제출해야 했다. 체제 전복적인 포르노그래피나 불경스러운 출판물 그리고 점차 "철학" 저서라고 불리게 되었던 것들의 수입을 봉쇄하려고 들이는 세관 관리들의 시간과 힘이 늘어났다는 것도 또다른 지표였다. 18세기 중반 대신들이 이러한 홍수를 막으려다가 좌절하여 그 대부분을 못 본 체했던 시기 이후에 루이 16세의 정부에서는 독서 대중이 읽게 된 것을 통제하려는 노력을 네 배로 늘렸다. 그러나 시장은 너무도 강력했고, 그들 노력의 대부분은 그러한 출판물의 출현을 막는 만큼 보고되고 논의되는 것에 영향을 미치는 일로 집중되었다. 루이 14세는 그의 신하들에게 무엇을 하고 무엇을 생각할지를 명령했다. 루이 16세의 치하에서는 신하들이 설득되어야 한다는 사실이 인정되었다.

국왕과 신하 사이의 적극적인 협력이 갖는 장점에 대해서는 도버 해협 건너편에서 오래전부터 잘 보여주고 있었다.

1720년대 이래로 몽테스키외와 볼테르Voltaire 같은 작가들은 영국적 자유와 관용과 의회정치의 실천적 장점을 찬양해왔다. 여전히 많은 사람들은 영국의 제도가 위험할 정도로 불안하다고 의심했지만 18세기 중엽의 전쟁들에서 영국이 성공을 거뒀던 것은 영국의 체제가 놀라울 정도로 효율적이라는 사실을 증명했다. 영국의 식민지가 반역을 꾀했을 때 영국의 이미지가 갖는 찬연한 빛은 어느 정도 탈색했고, 영국에 대한 열광은 미국의 모든 것에 대한 열정 때문에 부분적으로나마 빛이 가려졌다. 그러나 영국과 미국의 다툼의 핵심에는 자유와 정치적 대의제도의 문제가 있었다. 루이 16세가 대표 없는 과세는 없다고 주장했던 미국의 공화주의 반역자들과 동맹을 맺었을 때 그의 신하들은 공화주의의 원칙이 왜 프랑스에서는 적합하다고 여겨지지 않는지 생각에 잠길 수밖에 없었다. 물론 신분회를 보유하고 있던 소수의 지역에는 그 원칙이 존재했다. 그러나 그 사실은 다른 곳에서 프랑스가 공화주의를 받아들여야 한다는 상황이 더욱더 비정상적인 것처럼 보이도록 만들었다. 재정적 압박이 증가하면서 1760년대에 어떤 판사들은 사라진 신분회가 복구되어야 한다고 요구하기 시작했다. 1771년 모포가 고등법원을 공격했을 때 어떤 판사들은 한발 더 나아가 1614년에 마지막으로 소집되었던 중세 신분회의의 회합을 요구하기도 했다. 그것은 영국 의회에 가장 상응하는 프랑스의 대체물이었다. 이제는 공허한 것이 드러난 절대왕정이라는 편안한 모호성을 유지한 채 다른 사람들은 세금 납부자를 가시적으로 행정에 편입시킬 수 있는 대의제도를 더욱더 합리적으로 고안할 생각을 갖기 시작했다. 대신들도 고등법원과 그들의 영향력을 뒷전으로 돌릴 수 있는 원칙에 대해 반드시 반대했던 것만은 아니었다. 네케르는 "지역 행정"을 도입할 계획을 출범시켜 지사의 기능을 공유할 지역 지주들의 의회를 지명하기까지 했다. 네케르가 사임하기 이전에 단 두 개 지역 지주들의 의회만이 확립되었다. 그러나 네케르가 사라졌어도 그 의회는 사라지지 않았다. 천천히, 마지못해 루이 16세 치하의 왕정은 많은 걱정을 끼치면서 제도의 기능 마비만이 유일한 대안이라고 자각하면서 더욱더 절대적인 것과는 거리가 멀어졌다. 왕과 대신들은 프랑스가 국왕의 가장 탁월하고 교육받은 신민들의 효과적인 동의와 협력을 통해서 통치되어야 한다는 것을 더욱더 받아들여야 했다.

혁명 전야

따라서 1787년의 위기는 재정적인 것만이 아니었다. 1783년에 평화 시대로의 복귀를 처리하라고 임명된 재상 칼론Calonne은 신뢰를 유지할 희망에서 방만한 지출을 하며 임기를 시작했다. 여기에 필요했던 대출은 역효과를 냈을 뿐이다. 새로운 대출을 변통하려는 시도가 파리 고등법원의 커져가는 저항에 맞닥뜨리자 칼론은 더 과격한 해결책으로 생각을 돌렸다. 1786년 8월 20일 그는 개혁을 위한 포괄적인 안을 국왕에게 제시했는데, 그것에 대해 훗날 궁정의 주교 탈레랑Talleyrand은 "선의를 가진 사람들이 여러 해에 걸쳐 생각했던 것의 결과"였다고 묘사했다. 왕은 그것을 세심하게 살펴본 뒤 진심 어린 열정으로 받아들였다.

그 안은 3부로 되어 있었다. 첫번째가 재정 개혁으로 새롭고 균일해 보였는데 그것은 예외가 없이 모두가 내야 하는 토지세로서 현물로 내야 했다. 이것은 물론 그 밖의 덜 중요한 다른 개혁들도 왕국 전역에서 모든 유력 지주들에 의해 선출된 지역 의회의 감시를 받아야 했다. 전국 규모의 의회로 중앙집권화되지는 않았다 할지라도 대의제 정부가 보편화된 것이었다. 두번째로 개혁의 재정적 소출은 중농주의 노선에 따른 경기 부양안에 의해 증대되어야 할 것이었다. 그것은 국내 관세의 장벽과 도로에서 행하는 강제 노역, 그리고 곡물 거래에 대한 통제를 철폐한다는 것이었다. 1786년에 영국과 맺은 통상 조약은 농산품에 대한 교환으로 영국의 제조자들에게 이미 프랑스 시장을 열어놓았었다. 그럼에도 불구하고 그러한 조치 중 어느 것도 즉각적인 이익을 가져다줄 것이라고 기대할 수 없었다. 효과를 실감할 때까지 더 많은 차관이 필요할 것이었다. 따라서 대출자들을 고무하기 위해 신뢰를 진작시킬 중요한 새로운 방안이 요구되었다. 칼론은 소수의 엄선한 명사회의 재가를 받아 자신의 계획을 달성할 수 있으리라고 희망했다. 칼론의 말에 따르면 그들은 "유력한 사람들로서 대중의 신뢰를 얻고 있기에 그들의 재가는 일반적인 여론에 강력하게 영향을 미칠" 것이었다. 그는 신분회를 소집할 것도 고려했지만, 신분회는 통제가 불가능할 것이라고 생각했다. 그 대신 그는 144명의 제후, 고위 성직자, 귀족, 판사 들을 명사회로 지명하여 1787년 2월 그들 앞에 자신의 안을 제시하였다.

그것은 정치적인 재앙이었다. 국가가 마주친 위기에 대처하기 위한 칼론의 제안을 받아들인 명사들은 거의 없었다. 그것을 받아들인 사람들조차 칼론이 그 위기에 책임이 있다고 주장하면서 그가 그 문제를 해결할 적임자가 아니라고 지적했다. 비판자들을 자신의 특권만을 지키려는 이기적인 사람들이라고 묘사함으로써 비판자들보다는 더 광범위한 대중에게 호소하려 했던 칼론의 시도는 역효과를 냈고 국왕은 칼론을 해임할 수밖에 없었다. 그뒤 칼론의 안을 수정한 판본이 브리엔Brienne에 의해 제출되었는데, 브리엔은 명사회를 자신의 출세를 위한 사다리로 삼았던 대주교였다. 왕실 회계를 검토하기 위한 상설 청문위원회를 두자는 명사회의 제안을 루이 16세가 거절한 뒤 명사회는 좌초했다. 사실상 그 당시에 이르면 명사회의 점점 더 많은 사람들이 자신들은 어떤 종류의 개혁도 재가하기에 무능력하다고 선언했던 것이다. 그것을 위해서는 단지 신분회만이 필요하다고 그들은 선언했다.

명사회의 경험은 그것이 더 위험하고 예측하기 어렵게 보이도록 만들었을 뿐이며 5월 25일 명사회는 해체되었다. 고등법원을 통해 개혁을 밀고 나가려는 시도가 있었지만 그들도 무능력하다고 주장했다. 군중이 길거리에서 신분회를 위해 환호를 지르는 동안 파리의 판사들은 유배되었다. 이러한 위기가 갖는 더 큰 중요성은 그러는 사이에 9월 중순 프로이센에 의해 네덜란드 공화국이 침공당했다는 사실로 강조되었다. 루이 16세는 만일 네덜란드의 국경이 침범당한다면 개입할 것이라고 위협했었다. 그러나 오래된 세금은 고갈되고 새로운 세금은 인가되지 않은 상태에서 브리엔은 전쟁을 치를 능력이 없다고 루이 16세에게 조언했다. 이것이 군사적 세력으로서 부르봉 군주정의 종말이었다. 프랑스 국경에 가까운 곳에서조차 프랑스는 더이상 국제적인 주장을 내세울 지불 능력이 없었다는 사실을 인정했던 것이다.

일 년 이내에 국내의 정치적 권위도 증발해버렸다. 파리의 고등법원과 합의된 개혁안에 시동을 걸려던 시도는 의심스러운 상호 비난 속에 붕괴했으며 6개월에 걸쳐 그 최고 법원은 업무를 거부했다. 1788년 5월 고등법원을 구조 조정하여 권한을 축소시키려는 모포의 안과 비슷한 것이 만들어졌다. 동시에 대중의 지지를 확보하기 위해 광범위한 법적, 제도적 개혁이 공포되었지만 그것은 이제 전국을 휩쓴 대중의 고함 속에 무시되었다. 개혁이 효력을 발휘하면 신분회를 소집하겠다는 약속조차 경멸을 받았을 뿐이다. 8월 초에 국왕의 단기 부채의 평상적인 재원마저 더이상의 대출을 거부하자 브리엔 내각의 운명은 결정되었다. 8월 16일 국고로부터의 지불은 유예되었다. 이것은 이어지는 내각들마다 30년에 걸쳐 피하려고 노력했던 파산이었다. 브리엔은 사임하면서 네케르를 다시 불러들이라고 권했다. 이 기적을 만드는 제네바 사람이 관직에 의기양양하게 복귀하면서 했던 최초의 일은 1789년에 신분회가 소집될 것이라고 선언한 것이다.

국가를 대변하는 의회를 소집한다는 것은 절대왕정의 종말을 뜻했다. 왕정은 마침내 제도적, 문화적 마비 상태에 빠졌다. 개혁의 구상 역시 함께 무너졌다. 어느 누구도 신분회가 무엇을 할 것인지, 아니 어떻게 구성되거나 선출되는지조차 알지 못했다. 완전한 권력의 공백이 생겼다. 프랑스혁명은 이 공백이 채워지는 과정이었다.

조만간 절대왕정의 운이 다하리라는 사실에는 의문의 여지가 없었다. 절대왕정의 야망은 그것이 기댈 수 있는 재원을 넘어서버린 것이다. 그러나 어느 누구도 그 붕괴를 가져온 사건이나 계기를 예견하지 못했다. 역사가들은 본능적으로 거대한 사건을 다루는 과정에서 우연이나 우발적 사건을 상기시키기를 꺼린다. 그러나 이 경우에는 우연이 큰 역할을 했다. 왕위 승계의 우연이 우유부단한 왕을 왕좌에 앉혔다. 칼론의 가장 강력한 지지자였던 외무부 장관 베르젠Vergennes이[11] 명사회가 개회하기 직전에 사망했다. 만일 프리드리히 대제가 1786년에 사망하지 않았다면 프랑스의 국제적 무능력을 노출시켰던 프로이센의 네덜란드 공화국 침공은 일어나지 않았을 것이다. 그다음에 일어난 일에서는 날씨까지도 엄청나게 영향력이 컸다.

제 3 장

어떻게 일어났는가?

왕정의 권위가 붕괴하여 파산으로 치닫기 한 달 전에 우박을 몰고 온 거대한 폭풍우가 북부 프랑스 전역을 휩쓸면서 익어가던 곡식을 거의 초토화시켰다. 1787년 칼론이 곡물의 자유로운 수출을 승인한 이래 비축 곡물은 이미 바닥을 쳤고 그 불가피한 결과란 1789년의 추수 이전 몇 달 동안 비참한 경제적 곤경이 다가오리라는 것이었다. 빵 가격은 상승할 것이고 소비자들이 수입을 식량에 더 많이 소비함으로써 다른 상품에 대한 수요는 떨어질 것이다. 1786년의 통상조약 때문에 값싼 영국제와의 경쟁에서 밀린 제조업자들은 이미 침체 국면에 있었다. 게다가 빵 가격이 솟구치기 시작하던 바로 그 시점에 대량 해고가 있었다.

설상가상으로 비정상적으로 추운 겨울이 다가와 강물이 얼고 방앗간과 화물 운송마저 얼어붙은 뒤 마침내 해빙이 되면서는 넓은 지역에 홍수가 발생했다. 이렇듯 곧 몰아칠 정치적 폭풍은 경제적 위기를 배경으로 일어나면서 그 영향을 크게 받았다.

선거 정치

네케르는 관직에 복귀한 뒤 신속하게 곡물 거래에 제약을 부과하려 했다. 너무 늦었지만 그런 움직임은 그에게 엄청난 인기를 더해주었다. 그에게는 다른 문제들을 처리하기 위해 그 인기가 필요했다. 가장 급박한 것은 신분회가 어떤 형태를 취할지 결정하는 일이었다. 브리엔이 했던 마지막 행동 중의 하나는 국왕이 이 문제에 대해 어떤 정해진 견해도 갖고 있지 않다고 선언한 것이었다. 파리의 고등법원에게 그것은 신분회에 미리 농간을 부리려는 욕망을 뜻하는 것처럼 보였다. 그러한 어떤 움직임도 방지하기 위해 9월 25일 판사들은 신분회가 마지막으로 소집되었던 1614년과 같은 방식으로 구성되어야 한다고 선언했다. 명민한 관찰자라면 이것이 절대왕정을 무너뜨렸던 제도적 마비 상태를 연장시키려는 수단이었음을 즉각 알아차렸을 것이다. 1614년에 신분회는 성직자, 귀족, 그리고 그 밖의 모두를 가리키는 제3신분을 대표하는 세 개의 개별적인 신분에 따라 착석했다. 그들은 신분에 따라 투표했고 따라서 어떤 두 신분이 결합해도 다른 하나를 이길 수 있었다. 그러한 권력의 분산과 대의제는 더이상 18세기에 걸쳐 발전해왔던 교육과 부와 재산의 실제를 반영하지 못했다. 대체로 귀족으로 구성된 사려 깊은 파리 시민들의 집단은 이른바 "30인 위원회"에서 신분회에 반대하는 여론을 조성하려고 했다. 그들은 팸플릿을 갖고 흥분한 지방으로 밀고 들어갔고, 재소집된 명사회가 네케르의 촉구를 거부하고 1614년 형식을 지지하며 결집했을 때 오히려 새로운 힘을 얻을 수 있었다. 명사회의 조심성은 국가의 절대다수가 대가를 치른다 할지라도 "오래된 특권층"은 권력을 잡으려고 노력하는 것처럼 보였거나, 그렇게 보이도록 만들어진 것이었다. 1787년에 위기가 시작된 이후 처음으로 사회적 대립의 정치학이 대중의 논의를 지배하기 시작했다. "제3신분이란 무엇인가?"라고 배교한 성직자 시에예스Sieyès는 그 겨울에 가장 유명했던 팸플릿의 제목에서 물었다. "모든 것이다. 공적인 신분 속에서 그것은 지금까지 무엇이었는가? 아무것도 아니었다. 그것은 무엇이 되기를 바라는가? 무엇인가가." 시에예스는 논지를 이어나갔다. 어떤 종류의 특권이라도 요구하는 사람이라면 바로 그 사실 때문에 그들은 스스로를 국가 공동체에서 배제시키고 있다. 특권은 암이다.

12월에 이르면 1614년 형식에 반대하는 열망이 매우 확고하게 자리 잡아서 네케르는 행동할 용기를 얻었다. 그는 국가에서 제3신분의 중요성을 인정하면서 제3신분 대표자들의 숫자를 두 배로 늘린다고 포고했다. 만일 투표가 여전히 머릿수라기보다는 신분의 수에 의해 이루어질 경우 여기에 큰 의미가 없으리라는 사실은 명백했지만, 네케르는 일단 신분회가 소집되면 성직자와 귀족이 그들의 특권을 포기하도록 설득되리라고 믿었다. 그는 신분들의 단결에 대한 저항은 생각조차 할 수 없을 정도로 1789년 봄의 선거를 지배하기 위해 제3신분의 숫자를 두 배로 만든 반쪽의 조치에 대한 일반적인 불만에 의존하고 있었다. 머릿수에 따른 투표가 사실상 신분회 선거에서 핵심적인 사안 중 하나였다. 그러나 신분회 역시 분리되어 있었고 각 신분마다 그 대표자를 선출했기에 그 결과는 문제를 더욱더 양극화시켰다. 제3신분의 포부에 대한 대중의 소란스러운 지지에 맞서 성직자와 귀족의 유권자들은 자신의 특권을 그들 정체성의 근본적인 보호 장치라고 보는 경향이 있었다. 그리고 그들을 대변하기 위해 그들이 선출했던 자들은 대부분이 비타협적이었다. 선출된 대표자들에게 지침을 주기 위하여 (이것 역시 1614년 형식의 일부였던 불만 사항 목록을 가리키는) 카이에cahiers를 기안하는 과정에서 또다시 모든 측에서 여론이 더욱 확고해졌다. 이제 신분회가 어떻게 구성되어야 할지 뿐만 아니라 그들이 실지로 무엇을 해야 하는지에 대한 문제까지도 나타났다. 놀라울 정도로 광범위한 불만과 여망이 명료하게 표현되었는데, 그것은 근대 세계 최초의 대중 여론조사와 같은 정도였다. 몇 달 전만 하더라도 꿈에 불과했지만 갑자기 변화가 가능한 것처럼 보였다. 그리고 카이에의 어조는 많은 유권자들이 실지로 신분회라는 매개물을 통해 변화가 생길 수 있다고 기대했다는 사실을 명확하게 했다.

국민 주권

그러나 5월 5일 신분회가 베르사유에서 모였을 때 그것은 완전히 실망스러운 것으로 드러났다. 네케르는 지루한 연설로 개회를 선언했고 처음부터 제3신분의 대표자들은 그들이 개별적인 신분으로는 어떤 일도 하지 않을 것임을 명백하게 했다. 그렇지만 성직자와 귀족에게 합류해달라는 그들의 요구는 묵살되었다. 공동으로 협의하고 투표할 것을 선호했던 소수의 귀족 대표자들조차 대열을 깨기를 거부했다. 교착 상태는 6주간 지속되었는데 그사이에 빵 가격은 계속 상승했고 많은 구역에서 공공질서가 파괴되기 시작했으며 봄에 널리 펴져 있던 희망도 시들기 시작했다. 6월 10일 마침내 시에예스는 제3신분이 "연계를 끊고" 단독으로 추진해나가자고 제안했다. 그것이 압도적으로 가결된 뒤 다른 신분도 공동 신임장을 확인하며 합류하도록 초청했고 사흘 뒤 몇몇 교구 성직자들이 특권 신분의 단결을 깨고 그 초청에 응했다. 이후 며칠 사이에 다른 성직자들이 조금씩 들어왔고, 이제 이 조직은 더이상 제3신분만을 대표하지 않았기 때문에 새로운 이름을 필요로 한다는 것을 인정했다. 또다시 시에예스의 선동을 따라 6월 17일에 명백하고도 타협이 없는 명칭인 국민의회를 채택했다. 곧바로 국민의회는 모든 세금을 취소하고 새롭게 승인한다고 선포했다. 그 의미는 명확했다. 이 의회는 프랑스 국민의 이름으로 최고의 주권을 장악했던 것이다.

이것이 프랑스혁명의 초석이 된 행동이었다. 국민이 주권자라면 더이상 왕은 주권자일 수가 없었다. 며칠 전 겪은 맏아들의 사망 이후 그를 마비 상태에 빠뜨렸던 슬픔을 떨쳐내면서 루이 16세는 자기 자신의 계획안을 선포하기 위해 국왕이 주재하는 회기를 개최하겠다고 선언했다. 그 회기 준비로 평상적인 회의 장소에서 쫓겨나게 되어 의심이 많았던 자칭 국민의회는 6월 20일 실내 테니스장에서 회합했고 그들이 프랑스에 헌법을 부여하기 전까지는 결코 흩어지지 않겠다고 격앙된 선서를 했다(그림 4). 이 대표자들의 결의를 보여

4. 1789년 6월 20일: 테니스코트의 선서. 국민의회는 헌법을 제정하기 전까지는 해산하지 않겠다고 맹세했다.

주는 최초의 시금석은 사흘 뒤 왕이 주재한 회기에서 나타났다. 왕은 여러 가지 양보안을 발표한 뒤 6월 10일과 17일 사이에 있었던 모든 주장을 파기했으며 신분들마다 개별적으로 다시 소집하라고 지시했다. 국민의회는 거부했다. 네케르가 사임했다는 소식에 당황한 왕은 그들이 그곳에 머물게 했다. 이제 베르사유는 매일같이 파리에서 온 난폭한 군중으로 가득 차게 되었다. 귀족과 성직자가 분리되어야 한다고 주장했던 사람들은 이제 왕의 지지에 더이상 의존할 수 없다는 것을 알게 되자 그들의 연대가 무너지는 것을 느꼈다. 곧 그들은 무리를 지어 국민의회에 합류하였으며 6월 27일 왕은 마지막 골수주의자들까지도 합류하라고 정식으로 명령을 내렸다. 네케르는 사임을 철회하였다. 왕실은 완전히 항복한 것처럼 보였다.

그렇지만 네케르도 몰랐고 아마도 처음에는 왕도 몰랐던 것으로서 6월 26일 베르사유에 일부 연대가 소집하라는 내각의 명령이 떨어졌다. 이어지는 몇 주 동안 더 많은 연대가 소집되었고 7월 초에 이르러 조바심이 난 국민의회는 왕에게 군대를 철수하라고 간청했다. 충분히 그럴듯하게 왕은 군대의 존재는 공공질서 확보에 필요하다고 대답했다. 그러나 7월 12일 네케르가 해임되자 더 사악한 의혹이 사실로 드러났다. 일드프랑스Île-de-France 부근에 진을 치고 있던 2만 명의 병사들은 작전이 시작되면 국민의회를 진압하려는 듯 수도를 위압하는 태세를 취하고 있는 것처럼 보였다. 네케르와 관련된 소식을 듣자마자 파리는 두려움과 분노가 뒤섞인 감정으로 폭발했다. 군중을 해산시키려는 독일 용병대의 임시적 조치는 사태를 악화시켰을 뿐이며, 파리의 상설 주둔지에 있던 프랑스 근위대원들도 이탈하기 시작했다. 곧 굶주린 폭도의 무리가 시의 무기와 화약고 그리고 밀가루 창고를 약탈하기 시작했다. 7월 14일 그들은 바스티유의 거대한 국가 감옥에 결집했는데 그곳은 총으로 무장해 파리의 동쪽 끝 전체를 장악하고 있었다. 부대를 이탈한 자들의 도움을 얻어 그들은 감옥을 공격하여 함락시키며, 공격 초기에 그들에게 발포했던 지휘관에게 린치를 가했다. 파리는 이제 반도의 수중에 들어 있었다. 이 반역을 진압하기에 충분한 병력이 도시를 포위하고 있었던 것은 확실하다. 그러나 장군들은 만일 그들에게 발포 명령이 떨어지면 복종하지 않을지도 모른다고 왕에게 조언했다. 이런 상황에서 왕은 무력했고 퇴각을 명령했다. 반혁명은 패배했다. 국민회의는 구제되었다.

최초의 개혁들

따라서 7월 14일은 프랑스혁명의 출발점이 아니었다. 그것은 출발점의 끝이었다. 암울하고 신비로운 바스티유 감옥 문을 열었어도 예상했던 것처럼 전제주의에 의해 초췌해진 희생자들 다수가 석방된 것이 아니었다. 그곳에는 단지 일곱 명의 죄수들만이 있었을 뿐이다. 그러나 이 중세의 요새는 왕실 권력의 상징이었으며 즉시 시작되었던 자발적인 해체 역시 불신받던 옛 질서의 종말을 상징하는 일이었다(그림 5). 6월 17일 이래 한 달에 걸쳐 왕권의 저항을 지휘했던 사람들 역시 그 상황을 인식하고 있었다. 왕의 동생 아르투아Artois[1]와 그와 가장 가까운 궁정의 친구들은 즉시 프랑스를 떠나 최초의 망명귀족이 되었다. 왕이 파리로 와서 (곧 국민 방위대라고 불리게 된) 급조된 시민 민병대로부터 삼색의 새로운 혁명의 모포를 받아들임으로써 자임한 시의 행정부를 추인한 뒤, 국민의회는 마침내 테니스코트 서약에서 분명히 밝혔던 것처럼 헌법에 의거하여 활동하기 시작했다. 봄에 유권자들에 의해 부과되었던 구속력이 강한 지시 사항은 폐기되었고 헌법 전문인 권리 선언문의 초안이 잡히기 시작했다. 그러나 그 시기에 이르면 파리와 일부 지역 도시들에서 일어난 봉기는 지방으로 번져나가게 되었는데, 그곳에선 새로운 추곡이 무르익기 몇 주 전부터 [왕당파의] "여단"이 곡식을 파괴하고 무력한 농민 마을을 약탈하기 위해 땅을 불태우고 있다는 "대공포"가 횡행했다. 이렇듯 피해망상의 분위기 속에서 영주의 저

5. 1789년 7월 14일: 바스티유 함락

택이나 봉건적 권력의 상징에 대한 광범위한 공격이 일어났다. 그 공격의 대상들은 카이에가 보여주듯이 농민들이 견디고 있는 수많은 부담 중에서도 가장 정당화될 수 없다고 여기던 것이었다. 국민의회를 구성하고 있었던 재산가들은 봉건적 권리를 소유했든 아니든 지방이 무정부상태로 빠져들어가는 것을 보면서 경각심을 가졌다.

혼란의 뇌관을 제거하려는 듯 국민의회 내부의 과격한 집단 하나가 봉건적 공납을 폐지한다는 극적인 제스처를 구상했다. 이것은 8월 4일 저녁에 한 명의 고위 귀족이 시작했는데[2] 존재했던 석 달 동안 적극적인 행동을 자제해왔던 국민의회에서 열광적인 환영을 받았다. 곧 봉건적 권리를 넘어서는 것들이 폐지되어야 한다는 제안이 이어졌다. 구체제 사회 조직의 생명수와 같았던 모든 종류의 특권이 호언장담 속에 폐지되었다. 많은 특권의 원천이었던 매관매직도 마찬가지였다. 자유로운 사법 정의와 조세의 평등이 선언되었다. 교회는 교구 성직자의 기본적인 수입이었던 십일조를 박탈당했다. 국민의회가 왕을 "프랑스 자유의 복구자"라고 선언했던 회기의 마지막에 이르면 프랑스 사회생활의 바탕이었던 것 대부분이 혁명 기간 전체를 통해 가장 과격했던 몇 시간 내에 파괴될 운명에 처했다.

그날 참석했던 여러 명이 고찰했듯 그날 밤에는 대기 속에 일종의 마법이 있었던 것 같았다. 그리고 그 마법은 작동했다. 서서히 지방에서의 무질서가 잦아들었다. (이제 제헌의회라고 불렸던) 국민의회는 헌법을 작성하는 일로 복귀했다. 8월 26일 마침내 "인간과 시민의 권리 선언문"이 발표되었고 이어지는 몇 주 동안 처음으로 입헌군주제의 원칙들을 확립하면서 양원제 의회를 배제시키고 왕에게 새로운 법안에 대한 제한적인 거부권만을 부여하였다. 그렇지만 왕은 이 제약은 물론 8월에 입안되었던 위대한 조치의 어느 것도 서둘러 받아들이려는 것 같지 않았다. 7월에 발생했던 의혹이 파리에서 새롭게 곪아터지기 시작했는데 파리 시민들은 분명히 그들 자신이 혁명의 구세주이자 감시견이라고 자처했다. 10월 초 이제는 자유롭고 계속 성장하던 파리의 언론에 의해 베르사유에 새로운 군대가 도착했다는 소식이 전해지자 왕이 여름에 실패했던 일을 다시 시도하려는 것이 아닌가 하는 두려움이 퍼졌다. 그들을 제압하려던 국민 방위대의 시도를 일축하면서 수천 명의 여인들이 왕을 강하게 압박하기 위해 베르사유로 행진했다. 거기에서 그들은 국민의회의 의사당을 공격했고 궁정에 난입하여 왕비의 생명을 위협했다. 그들은 마침내 왕실 가족이 그들과 함께 파리로 가야 한다고 소리쳤다. 왕은 그에게 선택권이 별로 없다는 것을 곧 알아차렸고 10월 6일 의기양양한 여인들의 호송을 받으며 수도로 돌아갔다. 며칠 뒤 국민의회도 그 뒤를 따랐다.

양극화: 종교

이제 루이 16세는 파리에서 죄수나 다름없었다. 불운했던 1791년 6월의 도주 시도 실패[3]는 차치하더라도 그는 1792년 8월 군주제가 전복되었을 때까지 그런 상태로 남아 있었다. 그렇지만 국민의회도 마찬가지였을 것이다. 의원들은 그들의 생존이 파리 군중의 행동에 달려 있다는 것을 알고 있었다 할지라도 아마도 그들 대다수는 책임에 대해 매우 불안해하고 있었다. 그것은 그들이 소동에 대한 계엄법을 입안했고 헌법 하의 정치적 권리를 부유한 납세자들에게 한정시킨 방식에 의해 증명된다. 그들의 목표는 상당한 재산의 소유자들 중에서 선출된 대표자들이 통제하는 입헌군주제를 확립하는 것이었다. 재산 소유자들에게 그들이 집착했다는 사실은 절대왕정으로부터 물려받았던 부채 포기를 거절했다는 사실에 의해서도 증명된다. 실지로 그들의 개혁에 의해 재산이 사라질 위기에 처해 있던 공직 매매자들에게 한 보상 약속으로 인해 그 부채는 엄청나게 늘어나 있었다. 그들은 곧 이것이 조세로 해결될 문제가 아님을 알게 되었다. 사실상 조세 수입은 징수를 강제할 효과적인 수단이 없는 상태에서 재앙에 가까울 정도로 떨어져 있었다. 그들의 해결책은 교회를 대가로 하여 국가에 대한 채권자들을 만족시킨다는 것이었다.

국민의회는 8월 4일 십일조를 폐지함으로써 이미 교회의 개혁에 간여하고 있었다. 교구의 성직자들을 위한 수입원의 대안을 찾는 일은 국민회의가 맡아야 했던 새로운 의무 중에서 결코 가벼운 일이 아니었다. 그러나 토지와 증여받은 재산이 있는 교회는 여전히 부유했고 8월 4일에 이미 그러한 재산의 정당한 소유자는 국가라고 주장하는 별개의 목소리가 있었다. 11월 2일 이 문제는 "국민의 처분에 맡기기로" 결정되었다. 아시냐Assignats라고 불리던 국채의 발행을 지원하기 위해 교회 재산을 팔기로 되어 있었는데 그것으로 다른 공공의 부채를 보상하려는 것이었다. 다수의 성직자와 독실한 평신도들에게 이러한 조치는 가톨릭 신앙에 대한 더 큰 공격의 일환으로 보였다. 18세기 내내 교회를 공격해왔던 계몽철학자들을 의기양양하게 상기시키는 와중에 국민의회에서는 개신교도와의 시민적 평등을 선언했고 수도승의 서원을 금지시켰다. 1790년 4월 가톨릭을 국교로 선포하라는 촉구를 받았을 때 국민의회는 거부했다. 그 당시에 남쪽의 도시 님Nîmes 근처에서는 가톨릭과 개신교도 사이의 내분이 발생했다. 마지막으로, 이제 국가가 공적 자금으로 성직자에게 지불해야 한다는 것이 정해졌으니 국민의회는 국가 전체에 적용했던 광범위한 원칙에 맞추어 교회를 재조직하기로 결정했다. 그리하여 1790년 7월에 입안된 "성직자 시민 헌장Constitution civile du clergé"은 성직자와 주교를 평신도들이 선출하고 교구의 경계를 합리화하며 교황은 순수하게 명예직이라고 규정했다. 외국의 지도자로서 교황의 견해는 이러한 원칙 어느 곳에서도 참고되지 않았다. 성직자들의 견해도 참고되지 않았으며, 그들은 이렇듯 급진적인 재조직이 교회 전체에 받아들여질 수 있을지조차 확신하지 못했다. 국민의회에서는 성직자들이 주저하는 것을 국민적 의지를 의도적으로 방해한다고 보면서 11월에는 모든 성직자에게 충성 서약을 강요했다. 서약을 거부한 "고집불통"들은 새로운 질서의 혜택을 받을 자격이 없었다.

그들은 이런 식으로 문제가 해결될 줄 알았다. 그러나 사실상 성직자의 절반 정도가 따랐을 뿐이다. 1791년 봄 교황이 공개적으로 "성직자 시민 헌장"을 비난하자 많은 성직자들이 서약을 철회했다. 이것이 심각하며 지속적인 종교 양극화의 출발이었다. 이제 자칭 "애국자"들이 동원되어 서약을 받아들일 것을 종용했다. 1789년 가을 개혁 작업을 지원하기 위해 파리에 "헌법 친구들의 모임"이 생겼다. 이들이 회합을 가졌던 이전의 수도원 이름을 따서 이것은 곧 자코뱅 클럽이라고 알려지게 되었다. 이듬해 봄에 이르면 이 클럽은 지역에 분회 조직이 생겨나기 시작했고 충성 서약의 문제는 그들이 팽창하는 데 엄청난 도움이 되었다. 1791년 6월에 이르면 800개가 넘는 지역의 클럽이 생기게 되었고 자코뱅이라는 단어는 더 넓은 세계에서 혁명적인 프랑스에 동조하는 사람을 가리키는 말이 되었다. 그러는 사이에 혁명에 반대하는 자들은 신속하게 그들의 명분을 위협받은 기독교와 연결시키려 했다. 충성 서약을 한 "합헌적" 성직자로부터 성사를 받았다는 것은 혁명 전체에 대한 충성의 시금석이 되었다. 그 어떤 신실한 가톨릭교도도 이 결정을 회피할 수 없었다. 여기에는 국왕도 포함되었다.

양극화: 군주제

파리로 돌아온 뒤 루이 16세는 제헌의회의 모든 개혁을 마지못해 받아들였지만 때로는 열정까지 보여주기도 했다. 비록 그는 교황의 적대감을 개인적으로 알고 있었음에도 불구하고 교회와 관련된 법안은 승인하기까지 했다. 그렇지만 1791년 봄에 그가 "합헌파"로부터 성사받기를 회피하고 있다는 것이 곧 명백해졌다. 튈르리궁 주변에서는 위협적인 시위가 일어나기 시작했다. 왜냐하면 파리에서는 성직자의 충성 서약을 압도적으로 지지했기 때문이다. 이렇게 대중의 적대감이 새롭게 커지자 왕가에서는 도주 시도를 결심했다. 6월 20일 밤 그들은 파리에서 빠져나와 동쪽 국경으로 향했다. 왕은 경솔하게도 혁명의 업적 대부분을 비난하는 편지를 봉하지 않고 남겨놓았다. 그러나 도망자들은 바렌에서 체포되어 치욕 속에 파리로 송환되었다.

바렌으로의 도주는 혁명의 두번째 큰 분열을 열어놓았다. 1789년에는 공화주의가 거의 없었고 그나마 남은 것마저 왕이 파리로 돌아와 국민의회에서 그에게 보낸 모든 것을 받아들였을 때 약화되었다. 그러나 바렌 사태 이후 왕의 명백한 이중성에 대해 그가 스스로 길게 쓴 기록에 의해 쌓인 불신은 수도의 시민들과 많은 과격한 논평가들로부터 왕이 퇴위해야 한다는 대폭적인 요구로 터져나왔다. 그러나 대다수의 제헌의회 의원들은 그들 헌법의 핵심이 탈취된 것이라는 명백한 공식적 거짓말을 성급히 묵인하면서 경악했다. 파리의 자코뱅 클럽에서 공화주의를 청원하는 운을 떼자 대다수의 의원들은 그것으로부터 물러나 더 온건한 "푀이양 클럽Club des Feuillants"을 결성했다.[4] 군중이 도시의 서쪽에 있는 군대 사열장인 샹드마르Champ de Mars에 결집하여 똑같은 청원서에 서명을 하려 하자 국민 방위대는 그들에게 발포했다. 이 "학살"은 파리의 주민들에게 쓰라린 기억으로 남게 될 것이었다. 제헌의회에서는 이제 헌법이 신속하게 마무리되어야 한다고 결정했고 그와 동시에 정상적인 정치 생활이 시작될 수 있게 되기를 바라는 마음에서 헌법을 왕이 더 쉽게 받아들일 수 있도록 수정했다. 종교와 관련된 조항을 제외시키고 언론과 정치 클럽의 자유를 제한하는 수정을 서둘러 마친 뒤 1791년의 헌법이 왕에게 제시되었다. 그는 그것을 공개적으로 승인함으로써 왕위에 공식적으로 복귀했다. 9월의 마지막날에 제헌의회는 끝이 났고 그 의원들은 이제 권력을 잡게 될 입법의회의 의원이 될 자격을 공식적으로 박탈당했다.

입법의회는 국제적 위기라는 분위기 속에서 소집되었다. 1787년 이래 최초로 바렌 도주는 프랑스의 사태를 외국 열강들에게 경멸적인 만족감이라기보다는 우려의 대상으로 만들었다. 1790년 5월 제헌의회는 자기 방어의 수단이 아닌 정책 도구로서의 전쟁을 포기한다고 단호하게 밝혔다. 그러나 자신의 곤경을 국제화시키려 했던 것으로 보이는 왕의 굴욕적인 체포 이후 다른 군주들도 경각심을 갖게 되었다. 1791년 8월 27일의 필니츠 선언에서 레오폴트 2세와 프로이센의 왕은[5] 루이 16세의 망명한 두 동생 아르투아와 프로방스[6]의 부추김을 받아 군사적으로 개입하겠다고 위협했다. 바렌 사태 이후 수천 명의 육군 장교들이 망명귀족들에게 합류했고 그들은 이제 외국의 군대와 함께 돌아갈 것을 꿈꾸며 국경 너머에 결집해 있었다. 왕과 왕비도 이런 꿈을 공유하고 있었다.

그러나 새로운 입법의회 의원들은 그것을 도발로 보았다. 가을과 겨울을 지나면서 그들의 언어는 망명귀족들을 받아들였던 독일의 작은 제후들과 그들의 배후에 있는 합스부르크의 황제에게 신경질적으로 호전적이 되었다. 또한 그들은 루이 16세를 도발하여 망명귀족과 서약을 하지 않은 고집불통의 성직자들에 대한 벌금을 강화시키는 조치를 통과시키도록 설득하려 했다. 그들은 왕이 그것을 인허하지 않을 것임을 알고 있었다. 카리브해 지역에서 노예 폭동이 크게 일어나 커피와 설탕 부족이 뒤따르리라는 소식은 대중의 공포를 강화시켰다. 허약해진 프랑스 군대는 오스트리아와 프로이센의 규율 잡힌 병력을 절대 이길 수 없다는 로베스피에르와 같은 자코뱅(그림 6)의 언명에서 보이는 두려움에도 불구하고 국민의 거의 전부가 전쟁의 열병에 사로잡혔다. (로베스피에르의 분석을 공유했지만 그것을 자신이 구출되리라는 희망의 증거로 보았던) 국왕은 1792년 4월 20일 헝가리와 보헤미아의 왕 프란츠에게 기꺼이 전쟁을 선포했다(그는 레오폴트 2세의 아들로서 훗날 신성로마제국의 황제로 선출되었다).

양극화: 전쟁

전쟁은 혁명을 양극화시킨 세번째의 중요한 문제였다. 전

6. 혁명가들: 두 명의 희생자와 두 명의 생존자 (a)당통 (b)페인 (c)로베스피에르 (d)시에예스

쟁의 의도가 그러한 것이듯, 전쟁은 모든 사람들로 하여금 모든 일에 대해 편을 들게 만들었다. 그것은 혁명의 패배나 존속을 국가 자체의 패배나 존속과 동일시하게 만들었으며 그리하여 1789년 이래로 달성된 그 어떤 것에 대한 비판자라도 반역자라고 낙인찍힐 가능성이 컸다. 이러한 공격에 가장 취약한 사람이 왕이었다. 이제는 상퀼로트[7]라고 자기들을 칭하면서 고대의 해방 노예가 썼다는 자유의 붉은 모자를 쓴 파리 시민들이 6월 20일 왕궁에 몰려와 왕을 야유하고 괴롭혔음에도 불구하고 루이 16세는 서약 거부 성직자들과 망명귀족들에 반대하는 법안을 계속하여 거부해왔기 때문이다. 프로이센이 전쟁에 참가하여 프랑스 국경을 침범할 준비가 되면서 전선으로부터 들려오는 재앙의 소식이 그의 결심을 확고하게 만들었던 것에는 의심의 여지가 없다. 프랑스의 장군들조차 평화 협상을 요청했다. 그러나 이것 역시 반역 못지않게 보였으며, 입법의회에서는 국민 방위군의 의용병fédérés으로 전열을 강화한다는 안을 발표했다. 그들이 파리에 도착할 때 마르세유에서 온 자들은 잔인한 새로운 군가를 불렀는데 이후 그 노래에는 마르세유라는 이름이 따라다니게 되었다.[8] 프로이센의 사령관[9]은 만일 왕에게 위해를 가한다면 파리를 파괴할 것이라고 위협했다. 그것으로 루이 16세는 적과 완전하게 동일시되었으며, 8월 10일 파리의 한 폭동적인 코뮌은 상퀼로트와 의용병의 부대로 왕궁을 공격했다. 왕은 입법의회로 피신해 있었고 왕이 부재하던 왕궁을 지키던 스위스의 호위병들이 살해되었다. 그러나 이것이 그의 왕좌를 지켜주지는 못했다. 입법의회에서는 왕정을 중지하기로 의결하고 국가의 공화주의 헌법을 작성하기 위해 남성 보통선거에 의해 선출된 새로운 의결 기구 국민공회를 소집하였다.

군주제의 전복이 갖는 충격과 의미가 완전하게 모습을 드러내기까지는 그해가 저물 때까지 시간이 필요했다. 그러는 사이에 프로이센이 프랑스로 침입해 들어와 파리 시민들은 충격에 빠져 있었다. 파리에서 선동가 당통Danton이 지배하던 임시 집행위원회가 비상시의 긴급 권력을 갖고 열정적으로 방위 체계를 조직하려고 시도했는데, 그것은 감옥을 용의자들로 넘쳐나게 만들었다. 애국적인 상퀼로트의 참여를 독려하는 분위기 속에서 그들이 없으면 탈옥이 가능할 수도 있으리라는 불안감이 퍼졌다. 9월 2일 프로이센이 베르됭을 점령했다는 소식이 전해지자 사람들이 감옥을 습격하여 수감자들을 끌고 나와 학살했다. 살육은 나흘 동안 지속되어 약 1400명이 사망했고 그중 많은 사람들이 충성 서약을 거부한 성직자들이었다. 비록 선동적인 인민주의 언론인 마라Marat는 지방의 프랑스인들에게 수도의 예를 따르라고 촉구했지만 학살 소식은 프랑스와 외국 모두에서 여론을 경악시켰다.

이것은 1789년과 그 이후 때때로 있었던 폭력보다 훨씬 더 심각한 것으로서 만일 낮은 신분 계층이 통제되지 않는다면 무슨 일이 일어날지를 보여주는 암울한 교훈이었다. 혁명의 적들은 언제나 유혈의 혼란을 예견했다. 혁명이 잘되기를 바라는 사람들도 그 학살을 정당화시키기는 어려웠다. 그럼에도 파리의 모든 사람들은 이후 이런 학살이 언제라도 다시 일어나리라는 두려움 속에 살았다.

그렇지만 몇 주 사이에 위기는 지나간 것처럼 보였다. 국민공회가 입법의회를 대체했던 날 프랑스 군대가 발미에서 프로이센의 침입자들에 맞서서 9월 20일 예기치 못하게 그들을 물리쳤다. 이것은 6개월에 걸친 눈부신 군사적 성공의 출발점이어서 그동안 오스트리아가 지배하는 네덜란드와 라인강의 서안이 괴멸되었다. 11월에 이르면 프랑스인들은 자신들의 너무도 쉬운 승리에 취해서 "자신의 자유를 되찾기 원하는 모든 민족에게 형제애와 도움"을 제공할 것이며 그들의 군대가 가는 길에서 "궁성에는 전쟁을, 오두막에는 평화"를 주겠노라고 했다. 그들은 가는 곳마다 혁명적 사회 정책을 이행할 것이며 교회와 귀족이 그 과정을 위해 대가를 치를 것이라고 약속했다. 언론인으로 국민공회 의원이었던 브리소Brissot는 1791년 10월 이래로 일관성 있게 전쟁을 옹호하면서 "우리는 유럽이, 유럽 전체가 화염에 싸이기 전까지는 가만히 있을 수 없다"고 선언했다. 그 도전은 루이 16세의 운명에 의해 복잡해졌다. 국민공회의 첫번째 결의는 군주제 폐지를 선언한 것이었다. 훗날 국민공회는 자유의 제1년을 이 순간으로 소급하여 새로운 공화주의 달력을 채택하였다. 그것은 "루이 카페"[10] 또는 "최후의 루이"를 어떻게 해야 하는가의 문제를 남겨놓았다. 그가 반국가 범죄로 법정에 서야 한다는 논지가 펼쳐졌을 때 어떤 사람들은 그가 국민에 의해 왕위에서 물러나게 된 것이 바로 재판이자 유죄 판결이었다고 논하기도 했다. 그러나 1789년 이후 왕의 모든 기록을 포괄하는 고발이 이루어짐에 따라 마침내 국민공회에서의 재판이 합의되었다. 재판에는 12월의 단 이틀만이 필요했고 모든 혐의에 대한 피고인단의 부인에도 불구하고 평결이 어떻게 될 것인지 의심하는 사람은 전혀 없었다. 단지 형량만이 논란 거리였는데 단 한 표의 차이로 사형 결정이 내려졌다. 그 결과를 국민투표에 맡겨야 한다거나 사면을 해야 한다는 제안이 있었으나 받아들여지지 않았다. 그러나 대다수는 상퀼로트를 보기만 하더라도 그 둘 중 어떤 것도 허용되지 않았으리라는 것을 알 수 있었다. 그리하여 1793년 1월 21일 예전의 왕은 공개 처형되었다(그림 7). "당신들은 장갑을 던져버렸다. 이 장갑은 왕의 머리이다."[11] 당통은 국민공회에서 승리를 자축하며 외쳤다.

7. 1793년 1월 21일: 루이 16세의 처형. 전에 그의 할아버지의 동상이 서 있었던 빈 대좌를 눈여겨볼 것

내란과 공포정

그 도전은 곧 받아들여졌다. 처형 이후 며칠 이내에 영국과 네덜란드 공화국이 프랑스의 적군으로 합류했고 곧 스페인과 이탈리아의 여러 정부들이 뒤따랐다. 국민공회에서 30만 명의 신병을 징집하여 병력을 증강하려 하자 프랑스 서부 지역 전역에 걸쳐 저항이 퍼져나갔다. 그곳에서는 충성 서약을 하지 않은 성직자들을 처형했던 일로 이미 폭동이 일어났었다. 루아르 남쪽의 방데에서 곧 내란이 벌어졌다. 반란군 조직은 순교한 왕의 상속자들을 왕좌에 복귀시키는 일에 전념하는 "가톨릭 국왕 수호 부대Armées catholique et royale"라고 스스로 이름을 붙였다. 또한 프랑스가 외국에 맞서는 전쟁의 상황도 악화되었다. 프랑스의 병력은 라인란트와 벨기에에서 축출되었으며, 장군이 적에게 투항했다.[12] 이런 위기가 국민공회 내부의 오래된 정치적 분열을 악화시켰다. 로베스피에르가 "지롱드파"라고 불렀던 보르도의 많은 의원들과 브리소Brissot가 이끌었던 전면전 옹호자들은 혁명 본래의 대의제 원칙을 국내에서 손상시키지 않으면서 전쟁이 수행될 수 있고 그렇게 수행되어야만 한다고 생각했다. 이들은 왕에 대한 판결이 국민의 승인을 받아야 한다고 주장했던 사람들이었다. 또한 9월 학살 이후에 지롱드파에서는 피투성이의 파리 시민들이 국민공회의 의사진행을 위협하는 것에 맞서 목소리를 높였다. 이러한 태도는 그들을 자코뱅 클럽에서 쫓겨나게 만들었다. 로베스피에르 같은 자코뱅 클럽의 지도자들은 곧 산악파Montagnard라고 불렸다(Montagnard는 문자 그대로 "산사람"을 가리키는데 이 이름은 그들이 국민공회에서 높은 쪽의 의석에 앉았다는 사실로부터 유래했다). 산악파는 개인적으로 혐오했던 것 외에도 파리에 반대하는 지롱드파의 복수극이 현실적인 중요 문제들로부터 위험하게 관심을 돌릴 뿐이라고 생각했다. 그들에게는 상퀼로트의 폭력적인 본능과 과잉 행동을 못 본 체하는 것에 불과하다 할지라도 상퀼로트의 비위를 맞추는 것 외에 다른 안전한 대안이 없었다. 5월에 이르러 모든 곳에서 나쁜 소식이 전해지면서 산악파는 지롱드파를 침묵시킬 유일한 방법은 그들을 국민공회에서 추방시키라는 상퀼로트의 요구를 받아들이는 수밖에 없다고 결론을 내렸다. 6월 2일 지롱드파 의원 29명이 체포되었다.

그 즉각적인 결과는 단지 위기를 심화시킬 뿐이었다. 이미 파리에서 벌어지는 일들에 영향력을 끼칠 수 없다는 생각에 반항심이 생겼던 지역의 여러 도시가 이제 공개적인 저항에 나섰다. 여름이 지나는 동안 마르세유, 보르도, 리옹은 국민공회의 통제권을 벗어났고 8월 말에 이르면 지중해의 거대한 군항 툴롱이 영국에 항복했다. 그러는 사이에 상퀼로트의 우상이었던 언론인 마라가 7월 13일 캉 출신의 모반자 샤

롤로트 코르데Charlotte Corday에 의해 자신의 욕조에서 살해되었다. 이러한 소위 "연방주의 반역"[13]은 전반적으로 방데의 폭동이 그랬던 것처럼 명백하게 반혁명적인 것이 아니었다. 그것은 수도에서 벌어지고 있는 극단주의와 불안정성에 대한 저항이었다. 그러나 동기가 어떠했든 전시에 반란은 의심의 여지 없이 반역이었으며, 가을이 지나면서 국민공회의 세력이 자신들의 노력을 조정하기 불가능한 것으로 나타났던 중앙에 대한 통제를 재정립하면서 반란 지도자들과 행동가들은 반역의 죗값을 치러야 했다. 가을과 겨울 동안 지방의 특별 재판소에서 거의 1만 4000명이 사형 선고를 받았다. 절반 이상이 방데의 마지막 군대가 12월에 패배했던 서부 지역에 있었다. 일부는 총살되거나 익사당했지만 대다수는 왕을 보냈던 도구였던 기요틴 아래에서 죽음을 맞았다. 그것은 1792년 4월에 한 합리적인 인간에 의해 인도주의적으로 처형할 목적으로 제작되었지만, 그는 그것이 수많은 희생자들에게 사용되었을 때 그것이 뿜어냈던 피의 강물이 자아내는 효과를 예견하지 못했다.

그러한 응징의 목적은 처벌하는 것에 못지않게 두려워하도록 만들려는 것이었다. 9월에 이르면 그들의 입법자의 적들을 제거하는 것이 왜 더 긍정적인 결과를 가져오지 못했는지 이해할 수 없었던 상퀼로트는 공포를 통치의 원칙으로 채택하라고 압력을 가했다. 9월 5일의 대규모 시위에 또다시 겁을 먹은 국민공회는 더 비정해져야 한다는 것을 마지못해 받아들였다. 몇 주 이내에 국민공회는 모든 용의자들을 체포할 것을 명했고, 정치범들을 재판하기 위해 그해 초에 설립했던 혁명재판소를 확대했으며, 모든 생필품에 ("최고가격"이라는)[14] 가격 통제를 시행했으며, 도시를 먹여 살리기 위해 농민들로 하여금 잉여 농산물을 뱉어내도록 강요하는 상퀼로트들의 이른바 "혁명 군대"를 승인했다. 이제 프랑스 공화국의 정부는 "평화가 올 때까지 혁명적"이 되어야 했다. 그것은 중앙에 권력이 집중되고 자의적이고 비상시의 권력으로 무장을 한다는 것으로서, 그 모두는 혁명이 출발할 당시 표방했던 헌법에 의거한 행동 규범과 정반대되는 것이었다.

이제 6월에 체포된 지롱드파와 미움받던 루이 16세의 과부 마리 앙투아네트가 형장으로 보내졌다. 그들이 했던 행동보다는 그들이 상징했던 것 때문이었다(그림 8). 국민공회의 전권을 부여받고 "공무 수행 중인 국회의원"으로 혼란에 빠진 지역에 파견되었던 의원들 다수는 많은 경우에 종교가 반혁명에 생명줄임을 지목했고, 거기에는 충분한 이유가 있었다. 그들은 자신의 지역구를 "탈기독교화"하기로 결정했고 11월에 이르면 이 방식이 파리에도 전파되었다. 새로운 혁명력이 오래된 교회의 달력을 대체함에 따라 수많은 교회가 문

8. 1793년 10월 16일: 형장으로 호송되는 마리 앙투아네트를 그린 자크 루이 다비드의 스케치

을 닫기 시작했다. 그 목적은 기독교 신앙은 아니라 할지라도 모든 형태의 기독교 관행을 축출하려는 것이었다. 이제 전반적으로 국민공회의 공안위원회가 장악했던 정부는 지지했던 시민보다 더 많은 자들을 소외시킬 가능성이 있다고 인정된 정책을 공식적으로 후원하지는 않았다 할지라도 1794년 봄에 탈기독교화의 물결을 거스를 만큼 강해지기도 전에 사실상 프랑스의 모든 교회는 문을 닫았고 이 "자유의 해 2년"에 대부분의 성직자는 유배중이었거나 숨어 있었다.

공포정은 모든 면에서 내부의 반대를 박멸한다는 목적을 달성한 것처럼 보였다. 비정하고 단호한 정부에 복무하기 위해 차출되었던 상퀼로트조차 만족한 것으로 보였다. 전쟁의 운도 나아지는 것처럼 보였다. 1793년 8월에 선포되어 국가의 모든 인적 자원을 동원하려는 시도였던 "국민 총동원령levée en masse"은 군대를 유례없는 규모로 충원하고 장비를 갖추는 데 도움이 되었다. 12월 늦게 영국군은 툴롱에서 철수했으며 봄에 이르면 공화국의 영토는 다시 한번 외국의 점령에서 자유로워졌다. 이 무렵 일부 위원들은 테러 정치를 끝내야 한다고 주장했다. 언론인 출신의 대변인 에베르Hébert의 이름을 따 에베르주의자들이라고 불렸던 파리의 민중 지도자들이 공포정의 비판자들을 침묵시키기 위해 쿠데타를 기도했을 때 그들은 공안위원회의 술책에 걸려들어 기요틴에서 처형되었다. 그러나 공안위원회에서 더욱더 지배적인 목소리가 되었던 로베스피에르는 예측하기 어려운 당통의 친구들이었던 이른바 "관용파"[15]가 스스로 내세운 동기에 대해서도 의심을 갖게 되었고 3주 뒤 1794년 4월 5일 그들도 처형되었다. 공포정의 속도가 다시 빨라지고 모든 정치 재판이 이제는 파리의 혁명 재판소를 통해 이루어지면서 이전 몇 달에 걸쳐 지방에서 사멸했던 수천 명보다는 그곳에서 7월까지 사형선고를 받았던 2000명이 외부 세계에는 더 큰 충격을 주었다. 새로운 비기독교적 국교인 최고 존재의 숭배가 로베스피에르의 후원 아래 도입되고 이틀이 지난 뒤 악명 높은 프레리알[16] 22일(1794년 6월 10일)의 법에 의해 무죄 탄원을 위한 최후의 사법적 보호 장치도 제거되었던 것이다.[17]

많은 사람들은 새로운 종교를 축하하며 받아들이는 것이 공포정의 종말을 뜻하기를 희망했지만 오히려 그 속도는 더 빨라졌을 뿐이다. 때로 이 단계는 로베스피에르가 연설을 통해 도덕주의적 합리화를 시도했던 것처럼 덕성의 공화국으로 기억되는 경우도 있다. 정치범죄는 이제 너무도 광범위하게 정의되어서 누구도 안전하다고 느끼지 못했다. 이제 많은 사람들이 반혁명적인 잠재력을 갖고 있다는 이유만으로 처형되고 있었다. 예컨대 지금까지 상당히 온건했던 귀족 희생자들의 숫자가 현저하게 상승했다. 그것이 어떻게 끝나야 할 것인지는 아무도 상상할 수 없었다. 왜냐하면 공포정의 필요성에 대한 의문을 표현하는 것만으로도 의심을 살 수 있었기 때문이었다. 그럼에도 유혈 통치의 필요성은 점점 더 불명확해졌다. 국가 전체는 이제 확고하게 국민공회의 지배 아래로 들어갔고 군대는 외국 영토에서 다시 적과 전쟁을 벌였다. 이른바 "대공포"를 강화한다는 것이 더 이념적 접근을 뜻하는지 아니면 단지 수도의 비위생적이고 과밀 상태인 감옥을 비우려는 욕망에 불과한 것인지는 확실하지 않았다. 공안위원회는 계속적인 유혈에 대한 대중의 혐오감이 커져가는 것을 확실히 알고 있어서 기요틴을 도시 중심부에서 외곽으로 옮겼다. 사람들은 지속적인 공포정을 로베스피에르의 과도한 의심 탓이라고 비난하기 시작했으며, 자신들이 다음 목표물이 될지 모른다고 두려워했던 일단의 국민공회 의원들이 그에 대한 음모를 꾸미기 시작했다. 7월 26일 "부패하지 않는 자"[18]가 고함소리에 파묻혀 발언권이 거부되는 새로운 경험을 맛봤을 때 사태는 돌이킬 수 없는 충돌로 치달았다. 그는 다음날 자코뱅 클럽과 상퀼로트에게 지원을 호소했다. 그러나 그의 호소가 국민공회에 반항하는 것 이상으로 보이기에 충분할 정도의 지지는 없었다. 그는 범법자가 되었는데, 그것은 그가 체포되었을 때 재판도 필요없었다는 사실을 뜻했다. 체포되기 이전에 자살에 실패했던 것처럼 보였던 그는 가장 가까운 동료들과 함께 7월 28일에 기요틴에서 참수되었다.

테르미도르의 딜레마

혁명력으로 테르미도르 9일(1794년 7월 27일)에 있었던 로베스피에르의 몰락은 혁명의 종말로 비치는 경우가 많다. 전혀 그렇지 않았다. 그의 처형과 함께 종말을 맞은 공포정은 1789년 이래 일어났던 일들의 장엄한 정점이었던 것이 확실하지만, 그것은 종교와 군주제와 전쟁 등 혁명을 분열시켰던 문제들을 하나도 해결하지 못했다. 사실상 그것은 한 가지 문제를 더해주었을 뿐이니 그것은 자코뱅주의의 모습으로 나타났다.

프랑스 외부에서 그 용어는 이르면 1790년부터 혁명의 과도한 양상을 가리키는 말이 되었다. 이제 그것은 프랑스에서도 똑같은 함의를 갖게 되었다. 즉 정치적 클럽의 유산과 인민주의와 사회적 평준화와 그러한 원리를 명목으로 한 권위주의와 공포에 의해 유지되는 모든 것들을 뜻하게 된 것이다. 국민공회 내에서 권력을 잡은 이른바 테르미도르파는 자코뱅주의를 가능하게 했던 모든 것들을 해체하는 데 전념했다. 그리하여 용의자들은 감옥에서 석방되었고 자코뱅 클럽과 그 분회는 폐쇄되었으며 최고가격과 같은 경제적 통제는 포기되었다. 전쟁이 벌어진 이후 엄청난 과잉 발행으로 인해 가치가 하락했던 아시냐는 혁명 2년의 통제 경제에 대한 법적인 부속물로서 어느 정도 가치가 유지되고 있었다. 이제 그 가격은 자유낙하했다. 1788년과 1789년 사이의 재난처럼 자연도 상황을 악화시켰다. 변변찮은 추수와 어쩌면 1709년 이래 가장 추웠을 겨울은 상퀼로트를 너무도 비참하게 만들어서 봄이 되자 그들은 빵과 피가 모두 풍부했던 시절로 돌아가기를 갈망하게 되었다. (혁명력으로 제르미날과 프레리알이었던) 4월과 5월에 국민공회는 두 차례 성난 군중의 습격을 받았고 의원 하나가 폭행을 당했다. 그러나 그들에게는 옛 조직력이 결여되어 있었고 1789년 이래 처음으로 당국자들은 국내 질서를 회복하기 위해 군대에 의존할 수 있으리라고 느꼈다. 국민공회는 폭도들의 요구를 일축했다. 비록 말년의 자코뱅파라면 혁명력 2년으로의 복귀를 계속하여 꿈꿨을지 모르지만 두 세대에 걸친 정치적 세력으로서의 파리 시민들은 끝나고 없었다. 지금까지 박해당해왔던 가톨릭과 왕당파가 복수를 시작했다. 파리에서는 호사스럽게 옷을 입은 "금박 청년들"[19]이 예비군 상퀼로트와 자코뱅 행동대원들을 폭행하는 한편 남쪽에서는 "백색 테러"가 널리 퍼져 혁명력 2년에 지역에서 권력을 행사했던 사람들에게 비공식적이지만 잔인한 복수를 가했다.

만일 최근의 과거가 끔찍한 실수의 연발이었다면 그것은 언제 시작했는가? 테르미도르파는 아마도 1791년이라고 생각했을 것이다. 그들의 꿈은 잃어버린 혁명 초기의 합의와 시민적 이상주의를 복원하는 것이었다. 그것은 그동안 소외되었던 가톨릭과 왕당파와의 화해를 뜻했다. 그리하여 이제 공화국은 어떤 종교도 부인하였지만 교회는 다시 문을 여는 것이 허용되었고 혁명 2년에 방데에 적용되었던 인구 소개 정책은 과시적으로 포기되었다. 1795년 봄에는 루이 16세의 생존한 아들로 군주제를 복구하자는 진지한 이야기도 나왔는데, 그는 허약한 아이로서 세심하게 관리하고 공공 정신을 함양하는 교육을 한다면 받아들여질 수 있으리라는 것이었다. 이러한 희망은 1795년 6월 "루이 17세"[20]가 사망함으로써 무산되었다. 그러자 베로나에서 망명 생활을 하고 있던 그의 삼촌 프로방스 백작이 그를 승계하여 루이 18세가 된다고 선포했는데, 자신이 복귀할 경우 구체제의 거의 대부분이 복구될 것이라고 약속하며 비타협적으로 냉랭하게 선언했다. 그것은 국가의 토지를 교회는 물론 전쟁이 발발하자 토지를 몰수당했던 망명귀족들에게 돌려주겠다는 의미가 명백했다. 어떤 망명귀족들은 이 기회를 이용하여 그들이 계속하여 타협하지 않겠다는 의지를 보여주려 했다. 그들은 브르타뉴의 왕당파 무리를 앞장세워 파리로 행진하겠다는 희망 속에 영국의 도움을 얻어 브르타뉴 침공을 시도했다. 그들은 결코 키브롱 해안을 넘어서지 못했으며 공화주의자들에 의해 사로잡혀 수백 명이 사살되었다.

이 모든 것은 왕정복고의 그 어떤 희망도 꺾어버리는 것처럼 보였다. 그러나 국민공회는 프랑스에 새로운 헌법을 제시하기 위해 선출되었다는 것을 의식하고 있던 의원들은 그들이 충분히 오랫동안 손을 놓고 있었다는 것을 알고 있었다. 엄밀히 따지면 헌법은 이미 존재했다. 사회 복지는 물론 합법화된 폭동의 권리를 위한 다양한 조항까지 구현하고 있는 극단적으로 민주주의적인 헌법이 1793년 지롱드파의 몰락 이후 기안되어 채택된 바 있었다. 그것은 전쟁이 지속되는 동안 즉시 유예되었다. 제르미날과 프레리알의 폭도들은 그것이 시행될 것을 요구했지만, 그 요구 자체가 생각조차 할 수 없는 것임을 확실하게 했다. 따라서 국민공회는 1795년 여름을 새로운 공화주의 헌법을 다듬으면서 보냈는데, 이것은 1791년의 헌법보다도 대지주들에게 더 많이 의존하는 것이었다. 그것은 정교한 권력 분산의 조항으로 가득차 있는데, 거기에는 매년 선거를 하고 행정부 수반인 다섯 명의 총재 directoires는 계속 교체한다는 내용이 들어 있었다. 또한 이 헌법의 기안자들은 스스로를 새로운 정치 기구에서 배제시킴으로써 1791년의 근본적인 실수라고 여긴 것을 반복하려 하지도 않았다. 실지로 그들은 새로운 두 개의 입법 "평의회" 중 첫번째 "평의회" 의원의 2/3는 그들로부터[즉, 국민공회 의원들로부터] 나와야 한다고 주장했다.[21] 자유선거에서 승리하기를 바랐던 왕당파는 격노했지만 파리의 대규모 시위는 젊은 장군 보나파르트의 지휘를 받는 군대에 의해 해산되었다(방데미에르 13일의 반란, 10월 5일).

총재 정부

이 시기 내내 프랑스 군대는 모든 곳에서 승리를 거두었다. 벨기에를 침공하여 라인강을 따라 프랑스의 "자연적" 국경으로 삼는다는 1793년 처음 선포된 원리에 따라 병합했다. 네덜란드 공화국도 공격을 받고 항복했다. 프로이센과 스페인도 평화조약을 맺었다. 1795년 말에 이르면 단지 오스트리아와 영국만 프랑스에 맞서 전쟁을 벌이고 있었으며 둘 다 프랑스 영토를 위협하지는 못했다. 1796년에는 독일과 이탈리아에서 빈을 공격하는 군대로 오스트리아의 황제에게 치명상을 입힐 계획이 있었다. 이탈리아 쪽의 지휘는 보나파르트에게 맡겨졌다. 이탈리아 전선은 이차적인 것으로 여겨졌으나 그는 1796년 4월부터 12개월 만에 오스트리아 군대를 이탈리아에서 몰아내고 오스트리아의 수도 빈을 사정거리 안에 둘 정도로 진격했다가 그 자신이 주도권을 갖고 레오벤에서 평화 예비조약을 맺었다.

이제는 영국조차 협상을 제의하고 있었다. 그러나 1795년의 헌법에 의거한 첫번째 총선거에서 모든 당은 정체를 면하지 못했다. 방데미에르 반란의 여파로 총재 정부가 호전적인 분위기 속에서 출발했고 제르미날과 프레리알 이래 박해받던 자코뱅파에게도 관용이 베풀어졌다. 그러나 그들은 감옥이나 도피 중에 과격하게 바뀌었고 1796년 봄에 이르면 어떤 자들은 1793년의 헌법과 재산 평등화를 요구하기도 했다. 지하로 숨도록 다시 강요받던 작은 집단 하나가 언론인 바뵈프 Babeuf의 주도로 쿠데타를 음모했다. 역사상 최초의 공산주의 혁명의 시도였던 이 "평등파의 음모"는 곧 진압되었다. 그러나 이것은 우파에 새로운 움직임을 도발했고 그것은 1797년의 선거 결과에 반영되었다.[22] 국민공회로부터 잔존하였던 "종신파"에 대한 반발로 보수주의와 왕당파의 의석이 대단히 강화되어 영국과 오스트리아에 그들의 군사적 상황이 보장하는 것보다 훨씬 더 유리한 평화조약에 대한 희망을 갖도록 만들어주었다. 이탈리아에서의 승리의 결실이 위태로워질까 두려워했던 보나파르트는 마찬가지로 반동의 물결에 경각심을 갖던 세 명의 총재를 지지했다. 혁명력 5년 프뤽티도르(1797년 9월)의 쿠데타로 절반이 넘는 도에서 선거 결과가 무효가 되었고 177명의 의원들이 숙청되었다. 총재 정부의 헌법에 따라 이어진 1798년과 1799년의 두 선거 결과 역시 정치적 편의에 맞추어 조정되었다. 따라서 이 헌법에는 자유롭게 운용될 시간과 기회가 한 번도 주어지지 않았다. 1799년 이 헌법이 사라질 때 애석해한 사람이 거의 없었다는 사실은 놀랄 일이 아니다.

그러는 사이에 프뤽티도르의 쿠데타는 그 결과로 정당화되는 것처럼 보였다. 바로 그 다음달에 오스트리아인들은 캄포 포르미오에서 평화조약을 맺으면서 벨기에와 오래된 이탈리아 점령지를 잃었다는 사실을 인정했다. 보나파르트는 그 이탈리아 점령지를 프랑스의 괴뢰국가인 치살피나 공화국으로 만들었다. 국내에서 자신감을 찾은 새로운 총재 정부는 국가의 부채 대부분을 거부함으로써 오래 이어진 혁명의 서약을 깼다. 또한 그 정부는 성직자와 귀족에게도 또다시 가혹하게 대했다. 그러나 영국이 동맹국 오스트리아를 따라 화해하는 것과는 정반대로 1797년 10월 캠퍼다운Camperdown의 승리[23]에서 보여준 해군력을 내세우면서 홀로 싸우기를 택했다. 이탈리아에서 귀환한 보나파르트는 공격 작전을 책임지게 되었다. 그러나 그는 곧 만일 프랑스가 인도에 있는 영국의 부의 원천을 위협한다면 상업국인 영국은 평화조약에 응할 공산이 클 것이라고 결정했다. 어쨌든 이것이 1798년 5월에 있었던 나폴레옹의 이집트 원정을 위한 주된 명목이었다. 총재들은 이렇게 야심찬 장군이 파리를 떠나는 것을 보는 것만으로도 충분히 행복했다. 그러나 넬슨이 8월에 나일 전투에서 그의 함대를 파멸시킴으로써 나폴레옹을 이집트에 고립시킨 뒤의 외교적 결과로 러시아가 주도하는 새로운 동맹 형성이 촉발되었다. 러시아가 이탈리아에 주둔한 프랑스 적군을 향해 진군하려 할 때 오스트리아는 그들이 자신의 영토를 지나갈 수 있도록 허용했고, 이탈리아 반도 전체는 나폴레옹과 그의 후계자들이 만들어놓은 괴뢰국가에 반대하며 들고일어섰다. 프랑스는 교황을 볼모로 삼아 퇴각했고, 교황은 프랑스에 갇혀 있는 동안 사망했다. 갑자기 프랑스 공화국은 1793년에 그랬던 것만큼이나 위태롭게 고립되는 것처럼 보였다. 해결책도 그 당시와 같았을까? 강제 대출과 인질 나포에 대한 이야기가 떠도는 가운데 주르당Jourdan 장군은 포괄적인 징집법을 제안했다. 그 결과는 서방을 다시 뒤흔들어놓았고 새로운 방데의 반혁명이 일어났는데, 이번에는 병합된 벨기에 영토에서 성직자들이 주도하는 농민 반란의 형태였다(1798년 10월). 그것은 곧 진압되었지만 군사적 위기는 다음 여름의 새로운 승리 때까지 지속되었고 신新-자코뱅파가 클럽을 열고 국가를 구하기 위한 비상조치를 요구하면서 정치적 불확실성을 연장시켰다. 여러 해에 걸쳐 신중하게 모습을 드러내지 않다가 총재로 다시 등장한 시에예스는 헌법이 더이상 실행불가능하다고 결론 내렸다. 프랑스가 필요로 하는 것은 "위로부터의 권위와 아래로부터의 신뢰"였다. 그는 자신을 도와 쿠데타를 일으킬 신뢰할 만한 장군을 물색하고 있는 중이었다. 나폴레옹 보나파르트가 이집트의 고립으로부터 멋지게 탈출한 것이 바로 이 순간이었다.

나폴레옹

그는 혁명력 8년 브뤼메르(1799년 11월)에 입법 평의회를 해체하는 작업을 시에예스와 함께하게 되자 기꺼워하는 마음 그 이상이었다. 그러나 후원자를 자처하는 시에예스보다는 그가 12월에 급조된 국민투표 이후 선포되었던 새로운 권위주의적 헌법 작성에 있어 훨씬 더 결정적인 역할을 했다. 그것은 공화국의 제1집정관으로서 그에게 실제적으로 무한한 권력을 부여했다. 그는 선언했다. "시민들이여, 혁명은 출발했을 때의 원칙 위에 확립되었다. 그것은 끝났다."

이 중 어떤 것도 사실이 아니다. 그러나 다음 2년 동안 나폴레옹은 최소한 두번째 문장은 믿을 만하게 보이도록 만드는 작업을 시작했다. (1800년 6월에 자신이 마렝고에서, 12월에는 모로 장군을 통해 호엔린덴에서) 오스트리아를 격퇴시킴으로써 그는 유럽 대륙에서의 전쟁을 종식시켰다. 전쟁에 지친 영국도 1802년 아미앵 조약으로 전쟁을 포기했다. 혁명전쟁은 프랑스의 완벽한 승리로 끝났다. 그것은 루이 18세가 자신이 부르봉 왕정복고의 도구로 판명나리라 품고 있던 희망을 꺾어버릴 힘을 나폴레옹에게 주었다. 만일 프랑스에 군주가 있어야 한다면 나폴레옹 자신이 더 신뢰할 만한 후보자일 것이며, 그것은 1804년 스스로 왕관을 씀으로써 증명하게 될 것이었다. 그때에 이르면 나폴레옹은 프랑스와 로마 사이의 다툼도 해결함으로써 부르봉가 지지의 주요 원천을 제거시켰다. 1801년 새로운 교황 비오 7세Pius VII와 맺은 협약에 따라 공개적인 가톨릭 신앙이 프랑스에 복구되었고 국가가 그 비용을 지불했다. 그러나 이 거래를 성사시키기 위해 교황은 나폴레옹의 선결 조건 하나를 인정하도록 강요받았다. 그것은 1789년 이후 몰수되거나 거래된 교회의 토지는 영원히 환수하지 못한다는 것이었다. 그 땅의 새로운 소유자들은 마침내 자신들이 취득한 것에 대해 안심할 수 있게 되어 자연스럽게 새로운 체제의 지지자가 되었다. 이전에는 불신받던 총재정부나 피에 물든 자코뱅파처럼 그러한 보증을 약속할 수 있었던 것은 한 측에 불과했기 때문이다. 브뤼메르 쿠데타 자체는 이렇듯 두 개의 오염된 처방으로부터 나라를 구했다는 칭송을 받게 되었으며, 얼마 지나지 않아 좌절한 왕당파가 제

1집정관 나폴레옹을 암살하려고 시도했을 때는 최후의 자코뱅 행동가들이 체포되고 비난받았다. 실제로 나라를 통틀어 안도의 한숨 소리가 들리는 것 같았다. 나폴레옹의 지배는 그 자체의 문제와 모순을 갖고 있지만, 그것은 10년 이상 나라를 갈라놓았던 다른 문제와 모순을 해결하면서 시작했기 때문에 지속될 수 있었다.

제 4 장

혁명이 끝낸 것

프랑스혁명 최초의 추진력은 파괴를 향한 것이었다. 혁명가들은 1789년 말에 모든 사람들이 옛 질서, 또는 구체제라고 불렀던 것을 폐지하기 원했다. 1791년 여름 제헌의회에서 1789년 6월 이래로 작성해왔던 헌법을 마무리지을 때 의원들은 그렇게 근본적인 문서 속에 그들의 혁명이 제거한 중요한 것들을, 즉 "권리의 자유와 평등에 상처를 입힌 제도들을" 열거하는 것이 유용하리라고 생각했다. 그리하여 헌법은 다음과 같이 선언했다.

더이상 귀족 신분이나 귀족 작위도 없고, 세습에 의한 차별이나 신분에 의한 차별도 없고, 봉건체제도 없고, 집합적 결사나

> 귀족 신분의 증거가 요구되는 훈장도 없고, 업무를 수행하는 공공 관리의 우월성 이외에 출생의 차별을 뜻하는 것은 없다.
> 더이상 매관매직이나 공직의 세습은 없다.
> 더이상 국가의 어떤 부분이나 어떤 개인에게 어떤 특권도, 모든 프랑스인들에게 공통적인 법으로부터의 예외도 없다.
> 더이상 길드도 없고, 기술과 기예의 직업적 결사도 없다.
> 법은 자연권과 헌법에 위배되는 그 어떠한 종교적 서약이나 다른 계약도 더이상 인정하지 않는다.

이 목록은 결코 완전하지 못하다. 헌법에서 이 부분은 "인간과 시민의 권리선언" 다음에 곧바로 나오는데 그 선언은 정치적, 사회적 삶의 많은 원칙을 내세움으로써 이전 시대에 존재했던 그 원칙에 위배되는 관행들을 함축적으로 비난하고 있다. 시행된 적이 없었던 1793년 헌법의 서문이 되었던 확대된 선언은 그것을 더 명확하게 밝히고 있다. "이러한 권리를 선언해야 할 필요성은 전제주의의 존재, 또는 그에 대한 최근 기억을 전제로 한다." 혁명이 진행됨에 따라 그 파괴적 야망의 범위가 확대되었다. 1793년에 이르면 그 범위가 너무도 포괄적이어서 분개한 성직자 하나가 새로운 단어를 만들어 그것을 표현했다. 그 말이 "반달리즘"[1]이라서 고대 야만인들의 비기독교적 약탈을 상기시킨다. 반면 혁명이 파괴로 성취했던 것은 그 야망에 훨씬 못 미치는 경우가 많았다. 1789년이나 1793년의 인간들이 영원히 폐지시켰다고 생각했던 것들은 때때로 그것도 아주 일찍부터 다시 나타났는데, 외관적으로는 다른 모습이라 할지라도 살아남은 사람들은 경악하면서 그것을 어렵지 않게 알아볼 수 있었다.

전제주의

혁명은 전제주의에 대한 공격으로 시작했다. 몽테스키외는 『법의 정신*De l'esprit des lois*』(1748)에서 전제주의란 어떤 법에도 의거하지 않는 한 사람의 지배라고 정의했다. 어떤 법에도 복종하지 않는 전제주의적 권위는 자의적이며, 그것에 생명을 불어넣는 정신은 두려움이다. 언제나 그렇듯 일상적인 어법은 단어의 의미가 갖는 본래의 힘을 희석시킨다. 이미 1762년에 루소는 『사회계약론』에서 전제군주의 권위와 군주의 권위 사이에는 중요한 차이가 없다고 시사했다. 1760년대 말에는 전제주의는 군주의 권력 그리고 모든 종류의 권위의 남용이라고 널리 이해되기에 이른다. 1789년에 이르면 그 말은 무엇보다도 동의 없는 세금의 부과, 체포하고 구금하는 자의적 권력, 표현과 견해의 자유를 억압하는 것은 물론 각료나 지사 같은 이러한 목적에 부응하는 모든 활동을 뜻하게 되었다. 한마디로 이제 전제주의와 폭군제와 절대군주제 사이에는 어떤 차이도 없었다.

혁명은 그 모든 것을 없앨 기회를 제공했다. 최고의 주권을 국민에게 두면서 혁명은 왕을 프랑스의 주인이 아닌 하인으로 만들었다. 왕과 다른 모든 공직자들을 헌법에 종속시킴으로써 혁명은 자의적인 지배를 법의 지배로 대체하려고 했다. 물론 구체제에도 많은 법이 있었지만, 혁명가들이 보기에 그것은 너무 많은 법이었다. 그들은 자신들의 장기적인 임무 중의 하나가 법을 단순화시키고 법전으로 만드는 것이라고 보았다. 그러나 왕은 아무런 일 없이 그 모든 법을 무시할 수 있는 것처럼 보였다. 그것이 바스티유가 왜 그리도 강력한 상징이었는지를 말해준다. 그곳은 이름 없는 죄수들이 재판도 없이, 왕이 서명하고 봉해 그만이 철회할 수 있는 영장인 악명 높은 봉인장lettres de cachet만으로 수감될 수 있는 국가의 감옥이었다. 바스티유는 파괴된 뒤 재건되지 않았고, 그것이 서 있던 곳에는 보도 위에 안내판만이 남아 있을 뿐이다. 이에 못지않게 상징적인 것이 1789년 10월 6일 베르사유궁을 포기했던 일인데, 그곳은 루이 14세가 절대왕정의 터로 만들었던 거대한 궁전이다. (훼손 정도가 아니라) 파괴시키기에는 너무도 규모가 컸지만 루이 16세가 휘둘렀던 실제 권력을 오히려 왜소하게 보이도록 만들었던 나폴레옹조차 궁정을 가진 왕관을 쓴 지배자가 되었을 때 그곳으로 이주하는 것이 현명한 일이라고 생각했을 정도였다. 그곳은 바람직하지 않은 기억을 너무도 많이 상기시켰다. 루이 16세의 동생들도 1815년 부르봉의 왕정복고 이후에 그곳으로 돌아가지 않았다. 그들조차 절대왕정의 옛 신경 중추는 입헌 군주의 거처로 적합하지 않다는 것을 인정했다. 그들을 뒤이은 루이 필리프 Louis-Philippe[2]도 베르사유의 유일한 용도는 박물관이라는 것을 알았다.

귀족제

그러나 베르사유는 정치적 권위의 상징 이상이었다. 작위를 받은 화려한 궁정 신하들로 넘쳐나는 그곳은 특권 귀족들이 지배하는 사회 체제 전체를 상징하기도 했다. 1788년 가을부터 혁명은 사회적 추진력을 얻었는데 그 힘은 반귀족이었다.

1789년 중순에 이르면 귀족제는 혁명이 반대하는 모든 것을 포괄하는 용어로 사용되었다. 이러한 관심사가 표면에 드러나게 만든 것은 신분회 형식에 대한 논란이었고, "1614년의 관례"가 귀족들에게 약속했던 미래의 정치적 권력 중 보장받았던 몫을 포기하는 것에 대한 그들의 목청 높고 끈질긴 저항이었다. 그 당시에 오고갔던 모욕적 언사와 과장된 표현들은 지워질 수 없었다. 신분들이 함께 모인 뒤 많은 귀족 의원들이 담당했던 건설적인 역할에도 불구하고 어떤 귀족들은 망명했고 남아 있던 일부는 불필요할 정도로 훼방 놓는 행동을 함으로써 귀족 계급에 대한 의혹은 결코 사라질 수 없다는 것을 확인시켜줬다. 1790년 6월 귀족 신분 자체는 물론 그들의 칭호와 문장처럼 그들의 신분을 보여주는 장치들의 사용이 법으로 금지되면서 대다수의 귀족들은 자신들이 태어난 땅에서 이방인이 되었다는 느낌을 더욱더 크게 갖게 되었다. 1797년 프뤽티도르 이후 그들은 실지로 법적 외국인이 되었으며 프랑스 시민으로 갖는 권리가 박탈되었다. 그들은 이전 시대의 유물인 "예전 것들ci-devants"이 되어 그리도 변한 나라에서 사느니 차라리 망명을 택했던 반역적인 친척들 수천 명이나 다를 바가 없게 되었다.

전쟁이 시작된 뒤 귀국을 거부한 귀족들은 물론 그들의 친척까지도 당분간 재산을 몰수당했다. 몰수된 재산은 국유지에 대한 판매 가능한 채권에 추가되었다. 그러나 귀족의 재산은 1789년 8월 4일 밤에 폐지된 "봉건체제"의 관행으로도 거의 처음부터 공격을 받았다. 봉건적 권리는 언제나 수지가 맞는 일이 아니었고 그 분쟁 사례는 엄청나게 다양하다. 그러나 그것이 갖는 상징적 중요성이 엄청나다는 사실에는 의심의 여지가 없었고, 그것은 일찍이 농민들이 풍향계[3]나 그 밖의 영주의 장식물을 공격했던 것으로도 증명된다. 국민의회에 의해 재산의 한 형태로 인정되었던 봉건적 공납은 완납할 때까지 징수되어야 했지만 대부분의 농민은 지불하기를 즉시 중단하고 보상을 제공하지도 않았다. 1793년 국민공회에서는 그 기정사실들을 확인했고, "영주들의 시대"는 신속하게 사람들의 기억이 되어버렸다. 그러나 봉건체제의 폐지는 8월 4일 밤의 결과로서 귀족들이 겪어야 했던 가장 직접적인 타격에 불과했다. 농민들을 진정시키기 위한 시도로 출발했던 것은 곧 일반적인 특권에 대한 공격으로 확대되었다. 이미 귀족들은 그들의 독자적 재정적 지위 상실은 물론 태생이나 상속이라기보다는 재능에 열려 있는 직업 체제를 감수하고 있었다. 이것이 제3신분의 카이에에서 보이는 압도적인 요구였고 많은 귀족들 역시 그것을 인정했다. 이제 그것은 법이 되었다. 관직 매매 폐지의 충격은 더 미묘했다. 표면적으로 가장 눈에 띄는 점은 사법부를 재능과 능력에 열어놓았다는 것이다. 그러나 관직 매매는 16세기 이래로 번성해왔던 특권 중 많은 것의 근원이었고, 작위를 수여하는 관직의 매매는 귀족으로 진입하는 주된 방안이 되었다. 프랑스 귀족의 성격 전체가 이러한 과정에 의해 변질되었다. 단 이제 귀족은 더이상 충원하지 않았을 뿐이다. 혁명가들이 더이상 귀족을 인정하지 않았지만 폐지할 수도 없다는 것이 곧 분명해졌다. 1790년에 귀족으로 인정받은 가문은 계속하여 그들의 지위와 가계를 보존할 수 있었다. 그러나 유럽에서 가장 개방되었던 엘리트들은 이제 새로워질 수 없었고 혁명적인 입법에 의해 폐쇄적인 카스트로 변형되어 장기적으로는 소멸할 운명이었다. 그러는 사이에 유럽 전역의 귀족은 오랜 세월에 걸쳐 쌓아왔던 그들의 지배권이 더이상 당연한 것으로 받아들여질 수 없다는 경고를 받았다.

집체적 결사Corporatism와 특권

그러나 8월 4일 특권을 불태운 횃불은 일반적인 것이었다. 8월 11일의 시행령은 이렇게 적고 있다. "도와 공국과 지방과 캔턴과 마을과 주민의 공동체의 모든 특수한 특권은 금전적인 것이건 아니면 다른 종류이건 최종적으로 폐지될 것이며 모든 프랑스 국민들의 관습법 속으로 흡수되어 남을 것이다." 이것은 구체제의 혼란스럽고 현란한 다양성 전체를 망각으로 돌리고 국가와 사회가 더 합리적이고 균일적인 조직으로 이르는 길을 열어놓으려던 것이었다. 옛 질서는 집체적이어서 모든 조직은 그 특권과 독점으로 스스로를 정의했다. 그러나 1789년의 혁명가들은 어떤 종류의 독점도 믿지 않았으며 그들은 그것을 공익 또는 국익에 반하는 음모라고 보았다. 이것은 모든 형태의 전문 조직과 상업 길드를 포함했는데, 이것들은 1791년 4월 23일의 알라드 법에 의해 폐지되었다. 그리고 수공업자와 초기 노동조합의 결합은 이어지는 6월 14일의 르 샤플리에 법에 의해 금지되었는데 그것은 "같은 직종이나 직업에 있는 시민들의 모든 종류의 집체적 결사의 무효"가 "프랑스 헌법의 근본적인 토대의 하나"라고 선언했다.

물론 가장 거대한 집체적 결사는 교회였다. 그것은 독자적으로 부유했고, 대체로 자치로 운영되었으며, 알프스 너머에 있는 외국의 유력자에게 충성의 일부를 바쳤다. 귀족과 마찬가지로 성직자가 신분회에서 독자적인 대표권을 잃은 것은 훨씬 더 심각한 피해를 예고했다. 성직에 있는 유권자들은 새로운 체제가 국민들의 생활 속에서 계몽사상에 의한 두 세대에 걸친 철학적 침식 끝에 가톨릭교회의 역할을 강화하기를 희망했지만 성직자들은 오히려 8월 4일 아무런 보상 없는 십일조 폐지를 보고 놀라며 두려워했다. 몇 주 뒤 "인간과 시민의 권리선언"에서 허용했던 종교의 자유는 정신세계에 대한 그들의 독점에 더 큰 충격이 되었다. 11월의 교회 토지 몰수는 교회 독립의 최종적인 종말을 의미했다. 그것은 이듬해 봄에 있었던 수도원 해체와 수도자 서원 철폐를 불가피하게 만들기도 했다. 다음으로 시민의 헌법 아래 평신도들이 성직자를 선출하게 된 것은 교회 위계질서의 자율성을 파괴했고 그러한 변화에는 어떤 방식으로건 성직자들의 동의가 있어야 한다는 성직자들의 저항은 국민의회의 집체주의에 대한 분노만을 불러일으켰을 뿐이다.

신앙고백 국가

교황이 "성직자 시민 헌장"을 파문했던 것은 놀랍지 않으며 1791년 9월 프랑스가 아비뇽과 콩타브네생의 교황령을 병합했을 때 그의 적개심이 확인되었을 뿐이다. 이 모든 것이 뜻하는 바는 이듬해에 프랑스가 전쟁에 나섰을 때 프랑스 병사들은 지나가는 곳마다 교회 시설과 설치물을 공격하는 것을 특히 중요하게 여기게 되었다는 것이다. 혁명력 2년에 공화국은 제헌의회에서 만들어졌던 "합헌적" 교회마저 포기하고 모든 종교 제도의 적이 되었다. 1795년 2월 극단적인 탈기독교화는 끝났다 할지라도 공화국은 모든 종교와의 연계를 끊었다. 그러나 총재 정부를 통틀어 남아메리카 기아나에서 수백 명이 "마른 기요틴"[4]으로 보내졌을 때나 교회가 지배하는 이탈리아와 독일의 영토가 세속화되었을 때에 충성 서약을 거부한 의심스러운 성직자들에 대한 주기적인 탄압이 있었다. 여전히 명성을 쌓아가고 있던 젊은 나폴레옹은 너무도 조심스러워서 교황을 위협하는 것 이상을 하지는 않았다. 그러나 1798년 그의 뒤를 이은 장군들은 교황령을 해제하고 새로운 세속적인 "로마 공화국"[5]을 세웠고 교황을 프랑스로 유배 보냈다. 1799년 8월 비오 6세가 프랑스에서 사망했을 때 사람들은 교황청 자체가 사망했다고 생각했다.

왕조 외교

교황청은 오스트리아인들에 의해 구조되었는데 그들은 몇 달 뒤 베네치아에서 교황을 선출하는 추기경 회의가 열리는 것을 허용했다. 그들에게는 단지 1792년 이래로 그들을 괴롭혀왔던 적 프랑스에 앙갚음하려는 것이 중요한 이유였다. 외교적으로 본다면 프랑스의 혁명전쟁은 7년 전쟁의 재앙과 마리 앙투아네트를 프랑스로 가게 만든 이유이자 1755년으로 거슬러올라가는 오스트리아와의 불편하고 인기 없는 동맹을 끝나게 만들었다. 그러나 오스트리아와 결별하기 이전부터 혁명가들은 오래된 왕조 외교를 무시하기 시작했다. 1790년 5월 스페인 왕이 두 왕국의 부르봉 지배자들 사이의 오랜 "가족 동맹"을 명목으로 방문하여 (북아메리카의 태평양 연안에 있는) 누트카 해협을 두고 벌어진 영토 분쟁에서 영국에 대항해 스페인을 지지해달라고 했을 때 국민의회에서는 거절했다.

새로운 프랑스는 공격으로부터 국토를 보호하려 하기 위해서만 싸울 뿐 왕조들 사이의 사적인 맹약을 지키기 위해 싸우지는 않는다고 국민의회는 선언했던 것이다. 의원 중 한 명은 훗날 "국민의 권리를 지배하는 것은 군주들 사이의 조약이 아니다"라고 선언했다. 이것은 1787년에 프랑스가 빠져들었고 그러는 사이에 프랑스 군대의 약화에 의해 더 복잡하게 변한 외교적 무효화를 원칙과 비슷한 것으로 바꾸려는 것처럼 보였다. 1792년의 혁명전쟁에서 일찍 패배한 사실이 보여주듯 군대의 약화는 되돌릴 수 없는 것처럼 보였다. 그리고 발미에서 신생 프랑스 공화국을 구했던 것은 구체제에서 훈련받은 포병대였다 할지라도[6] 1793년 초에 이르면 이전 4월에 그리도 생각 없이 시작했던 충돌이 국가 생존을 위한 전쟁으로 바뀐 뒤 전적으로 새로운 종류의 군대가 필요하다는 것은 명백했다. 인구가 많다는 장점을 이용한 프랑스의 새로운 군대는 대체로 시민 용병으로 구성될 것이었다. 군대의 충원은 더이상 떠돌이의 지원에 의존하지 않을 것이며 그 숫자도 외국인 용병대에 의해 유지되지 않을 것이었다. 또한 군대의 전술이나 행동 강령도 구체제 군대식으로 개별적으로 엄격하게 조정되는 작전이 아니었었다. 옛 방식은 병참 수송에 의존하고 적과 전투를 벌이는 것보다는 비용이 많이 드는 자기 생존을 보호하는 데 더 큰 관심을 가졌다. 구체제 전쟁의 제약과 소심성은 쉽게 희화화되어 과장될 수 있었다. 그렇지만 사실상 그것은 다음 세대에 프랑스인들이 벌였고 따라서 적들도 그렇게 할 수밖에 없었던 전면적인 충돌과 비교했을 때는 온건한 편이었다. 이렇게 왕조 외교와 그것을 지탱해줬던 전쟁의 방식은 1790년대를 살아남지 못했다. 새로운 전투 방식에 통달하여 경력을 쌓았던 나폴레옹이 1810년 오스트리아의 공주와 결혼함으로써 군주제를 향한 허세를 지탱하려 했지만 그가 빈에 있는 장인과 다시 전쟁을 벌일 때까지는 3년밖에 걸리지 않았다.

식민지의 노예제도

옛 군주제를 무너뜨린 것은 물론 전쟁 비용이긴 했지만 이러한 비용 상승의 결정적인 요인은 군대에 있지 않았다. 실지로 붕괴를 초래했던 것은 영국과 해상 경쟁으로 부가되는 부담이었는데 거기에 걸려 있는 것은 왕조의 이익이 아니라 세계의 경제 주도권이었다. 여기에서 프랑스의 희망은 7년 전쟁의 패배로 꺾였지만 파괴되지는 않았다. 미국인들의 독립을 도운 것이 희망했던 이윤을 산출해주지는 않았다 할지라도 인도양에서의 행운이 부활했고 카리브해에서는 프랑스령 섬들이 가장 번성했으며 보르도와 낭트처럼 그곳과 관련된 사업을 하는 항구들은 왕국에서 가장 놀랍게 확장되는 도시들이었다. 혁명은 이 모든 것을 영원히 끝냈다. 평등과 자유를 주장하는 운동이 노예제도와 인종차별 위에 세워진 섬에 분란을 야기했다. 1789년에 지구에서 가장 값비싼 영토였던 생도맹그에서 생긴 백인과 혼혈 크레올 사이의 혼란은 3년 뒤 45만 흑인 노예들 사이의 대규모 반란으로 향하는 길을 열어놓았다. 그것은 역사에서 가장 거대하고 가장 성공적인 폭동이었다. 1793년 지배권을 재확립하려는 시도는 근대 최초의 노예제 폐지로 절정에 달했고, 그것은 1794년 2월 파리의 국민공회에서 인가되었다. 그러나 그 당시 프랑스는 재개된 영국과의 전쟁 때문에 해외 식민지와의 연결이 끊겨 있었다. 1802년 아미앵 조약 당시 군사적 원정을 통해 생도맹그에 노예제도를 다시 시행하려는 나폴레옹의 시도는 실패했고 그 여파 속에서 이전의 노예들은 독립국가 아이티를 세웠다. 그러는 사이에 프랑스의 노예무역은 붕괴했고 대서양의 거대한 항구 경제는 쇠퇴했다. 1790년과 1801년 사이에 보르도의 인구는 15%가 줄었고, 그보다 7년 뒤 나폴레옹은 그 방대한 부두 지역이 텅 빈 것을 보고 놀랐다. 그 당시에 해상무역의 가장 큰 방해물은 영국 해군이었다. 1798년과 1805년 사이에 그들은 경쟁국 프랑스를 완벽하게 파괴했고, 그 승리를 이용하여 대륙의 해안에 가장 엄격한 봉쇄 조치를 취했다. 그러나 전쟁이 마침내 끝났을 때 잔존하던 프랑스 식민지에는 1848년까지 노예제도가 남아 있었다 할지라도 노예와 설탕과 커피에 의존하던 대서양의 옛 경제를 재건할 희망은 없었다. 1830년 이후 프랑스의 제국주의적 야망이 부활했을 때 그 주요 목표는 아프리카와 인도차이나였다. 혁명 이전에 제국 건설을 추동했던 상업적 동기는 부차적인 것이었다.

다시 그린 지도

그 시기에 이르면 프랑스 제국만 붕괴된 것이 아니었다. 이미 1795년에 프랑스 군대는 네덜란드 공화국을 파괴했고 그것을 이어받았던 괴뢰국가 바타비아 공화국으로 하여금 반-영국동맹을 맺도록 강요하면서 세 대륙에 있는 네덜란드의 식민지가 바다의 독재자 영국을 적대적으로 약탈할 길을 열어놓았다. 그러는 사이에 유럽에서 가장 오래된 정치적 실체인 천년이 된 독일 민족의 신성로마제국은 서서히 해체되고 있었고, 그 과정은 나폴레옹이 가속시킨 뒤 완결하였다. 1806년 나폴레옹은 프란츠 2세로 하여금 제국 황제의 자리에서 물러나고 단지 오스트리아의 세습 군주가 되도록 강요했다. 9년 뒤 나폴레옹이 쓰러졌을 때 누구도 시체를 소생시키려는 생각을 진지하게 하지 않았다. 마지막으로 1808년 나폴레옹이 스페인의 부르봉왕조를 폐위시키고 스페인을 프랑스의 병사로 뒤덮었을 때 세계에서 가장 크고 널리 퍼져 있던 식민제국[7]은 마드리드로부터의 명령에 복종해야 한다는 의무로부터 스스로 벗어났다. 베네수엘라와 같은 일부는 거의 즉각적으로 독립을 선언했다. 이 운동을 주도했던 "해방자" 볼리바르Bolivar는 한때 나폴레옹을 공화주의 영웅으로 우상처럼 받들었고 프랑스 제국 수립을 혁명적 이상에 대한 배반으로 보았다. 그러나 어쨌든 스페인에서 부르봉의 왕정복고 이후 반동적인 페르난도 7세Fernando VII가 구체제를 다시 세우려 했던 시도는 스페인령 남아메리카 전체에서 공화주의적 저항을 야기했을 뿐이다. 그 저항은 1820년대 중반에 이르면 모든 곳에서 승리를 거두었고, 그것은 1792년 파리에서 출범했던 공화주의의 마지막 잔물결이었다.

이룰 수 있는 꿈

그 방대한 격변 모두를, 아니면 그 일부라도 겪었던 사람들에게 충격은 압도적이었다. 1789년 6월 이래 동시대인들의 일기나 기록은 일어나고 있는 사건의 규모에 대한 경이와 커가는 공포를 반영하고 있다. 아무도 그에 대한 준비가 되어 있지 않았다. 비록 처음부터 혁명가들은 그들의 운동이 18세기 "철학"과 계몽사상의 승리인 것으로 묘사하고 있지만(이것은 계몽사상의 비판자나 적들마저 슬프게도 받아들이고 있는 분석이다), 볼테르나 루소가 사망하고 고작 11년이 지난 다음부터 일어났던 사건들이 그들의 영향력 때문이었다고 그럴듯하게 묘사되는 것에 대해 그들이 즐거워했으리라고 상상하기는 어렵다. 어느 누구에 못지않게 계몽사상의 제자였음을 자랑했던 로베스피에르는 이렇게 단언했다. "정치 작가들은 결코 혁명을 예견하지 못했다." 그들은 만일 개혁이 일어난다면 그것은 서서히 조금씩 일어날 것이며 선출된 대표자라기보다는 계몽된 권위주의자의 작업이 되리라고 예측했다. 이러한 상황에서 혁명가들이 수행한 전면적이고 포괄적인 변화는 활력이 넘치는 것이었다. 살아 있다는 것이 축복받은 순간이고 변화가 가능하다고 느꼈던 사람은 영국 시인 워즈워스Wordsworth 혼자가 아니었다.

유토피아도 아니고 지하의 땅도 아니고
어떤 비밀스러운 섬도, 하늘만이 알고 있는 그곳도 아닌!
바로 그 세계에서, 우리 모두의
그 세계에서…

바꾸어 말하면 어떤 것도 더이상 사물의 본질 속에 정해져 있는 것으로 받아들일 필요가 없었다. 만일 가톨릭교회 자체는 물론이고 강대한 프랑스 왕국과 귀족과 그 우월성을 보장해주었던 봉건법이 모두 합리성과 유용성과 인간성의 근거로 도전받고 거부될 수 있는 것이라면 도전의 한계는 없었다. 모든 종류의 꿈은 이루어질 수 있었다. 토머스 페인은 "이것은 모든 것을 기대할 수 있는 혁명의 시대"라고 열광적으로 썼다. 루소는 인간 사회가 절망적으로 타락했고 타락시키지만 단지 전면적인 변화만이 그것을 회복시켜줄 수 있다고 가르쳤다. 그것이 그가 혁명가들에게 영웅이었던 이유다. 혁명가들은 그의 이상이 가능하다는 것을 증명했다. 다시는 제도나 습관이나 신앙이 단지 언제나 그래왔다거나 (다른 말로 한다면) 신에 의해 정해진 것이기 때문이라는 이유로 받아들여져서는 안 된다. 혁명은 대부분의 사물이 변화나 치유를 넘어서는 곳에 있는 것처럼 보일 때 의문 없이 굴종하는 순진무구한 세계를 영원히 뒤집어놓았다. 독일 철학자 칸트Kant는 1784년의 유명한 논문에서 계몽이란 인류가 스스로에게 부과한 미성숙과 스스로 자유롭게 생각하기 꺼리는 상태로부터 탈출하는 것이라고 정의했다. 그 명제는 순수하게 지적일 뿐이다. 칸트는 계몽주의는 단지 서서히 진전할 수 있을 뿐이며 혁명은 결코 사고방식에서 참된 개혁을 만들어내지 못할 것이라고 생각했다. 5년 뒤 그는 생각을 바꿨다. 비록 그는 어떤 혁명도 결코 정당화될 수 없다고 믿었지만 프랑스에서 일어난 일은 루이 16세가 자발적으로 권력을 이양한 것이라고 믿었다. 왜냐하면 그는 생각하지 않는 일상과 무기력한 행동으로부터 탈출의 순간이 갑자기 도달했다는 것을 인식했기 때문이었다.

저항과 지속

비록 혁명은 역사와 상황과 기득권의 억압에 맞서 정치적 의지를 확언하는 것을 상징한다고 할지라도 혁명가들은 그럼에도 불구하고 곧 낡은 체제를 파괴하려면 의지만으로는 충분하지 않다는 어려운 교훈을 스스로 깨닫게 되었다. 낡은 체제는 맞싸웠다. 대체적으로 공포정의 잔인함을 설명해주는 것은 저항과 반혁명의 힘과 결단이다. 혁명가들이 불러낼 수 있었던 모든 힘이 소진되고 공포정이 포기되고 나폴레옹이 결국 패배한 뒤에도 혁명가들이 1789년과 그 이후에 파괴하려고 했던 것들은 여전히 그곳에 있었거나 아니면 신속하게 다시 나타났다. 혁명 없이는 그 성공을 상상조차 할 수 없는 나폴레옹이 그 많은 것들의 부활에 책임이 있었다. 그는 결국 그러한 행동을 단지 정치적 현실의 인정이라고 보았다.

탈기독교화에도 불구하고 종교적 관례는 말살되지 않았

다. 사실상 그것은 새로운 질서에 대한 반대의 원천이었으며 약화될 기미도 보이지 않았다. 그러나 교황과의 협약은 프랑스 가톨릭교회를 회복시켜 그들과 새로운 체제를 화해시켰다. 귀족과도 마찬가지였다. 귀족으로 태어났던 나폴레옹은 귀족의 피를 갖고 있다고 생각하는 모든 사람들을 박멸하지 않는 한 귀족의 피는 결코 폐지될 수 없을 것임을 누구보다도 잘 알고 있었다. 따라서 그는 망명귀족들로 하여금 귀국하라고 권장했고 "예전 것들"의 시민권을 박탈했던 총재 정부의 법안을 무시했다. 또한 그는 특히 귀족과 관련되어 있는 신분과 차별은 "인간을 지배하기 위한 장난감"의 일종이라는 것을 알고 있었다. 그것이 1802년 그가 주홍 리본과 기장이 달린 레종도뇌르Légion d'Honneur[8] 훈장을 도입한 이유이다. 마지막으로 1808년에 그는 자기 자신이 이름을 붙인 귀족의 위계질서를 만들면서 구체제의 진성 귀족들을 충원하려는 특별한 노력을 했다.[9] 물론 그 당시에 이르면 그는 스스로를 세습군주로 만들었고, 왕관을 쓴 어떤 자도 궁정이나 작위를 가진 궁정 신하가 없다면 진정한 군주로 보이지 않을 것이라고 믿었다. 그리고 그의 지배는 부르봉왕조의 지배보다 더 절대적이었는데, 그에게는 낡은 "전제주의"에서 미움받던 관료였던 지사보다 더 많은 권한이 주어진 지방장관préfet이 있었다.[10]

더구나 그가 몰락했을 때에 이것들 중 어느 것도 사라지지 않았다. 비록 세습에 의한 왕위 계승의 계보는 두 번에 걸쳐 중단되었다 할지라도 프랑스는 1848년부터 1852년까지를[11] 제외한다면 1870년까지 부르봉이나 보나파르트가 지배하는 군주정이었다. 그 기간 내내 귀족의 신분은 공식적으로 인정받았으며, 1820년대에는 망명귀족들이 혁명 기간에 잃었던 토지에 대한 보상이 이루어졌다. 지방장관들은 계속하여 지방 전역에서 권위를 행사하고 있었고 공증인이나 다른 법률 공무원들 사이에서 관직 매매의 형태까지 다시 출현했다. 그러는 사이에 가톨릭교회는 나폴레옹 시대에 확립된 모습으로 남아 있어 1905년까지 사제들은 국가 기금으로 보수를 받았다. 1825년 마지막으로 살아남은 루이 16세의 동생 샤를 10세는 랭스 대성당이라는 전통적 배경 속에서 정교한 대관식을 거행하기까지 했는데, 그것은 그의 부르봉왕조와 신 사이의 유대관계를 다시 축원하려는 것이었다. 무심한 관찰자라면 모든 파괴적 혁명의 열망이 아무것도 이루지 못했다고 결론 내리더라도 용서받을 수 있을 것 같다.

환상뿐인 복고

그러나 그것보다 더 피상적인 결론은 없다. 번지르르한 의상을 제외한다면 나폴레옹의 군주정은 루이 16세의 군주정과 공통점이 별로 없다. 의도적으로 제국을 지향했던 나폴레옹의 군주정은 부르봉보다는 샤를마뉴를 상기시키려고 했다. 거기에는 고등법원이나 지역의 신분회 같은 제도화된 저항의 도구가 없었다. 자신의 군주제에 대한 환상을 장식하기 위해 황제가 만들어냈던 사이비 귀족은 혁명 이전의 귀족보다 훨씬 규모가 작았고 법적 특권도 없었으며 일정 수준의 재산이 없다면 세습이 되지도 않았다. 귀족 계급에 들어가는 것은 관직 매매가 아니라 황제의 지명에 의해서였다. 오래된 다수의 귀족들은 나폴레옹의 유인책에 넘어가느니 그렇게 겉만 번드레하게 조작한 새로운 귀족에 합류할 기회를 피했다.

루이 18세와 샤를 10세의 복고된 왕정도 순교했던 형의 왕정과 완전히 달랐다. 자주 언급되었던 것이지만, 많은 점에서 그들이 물려받은 것은 루이 16세가 아니라 나폴레옹의 왕좌였다. 구체제 정부 조직의 어떤 것도 복구되지 않았으며 민법대전이 프랑스 법의 중추로 남았다. 왕정복고 기간 대부분에 걸쳐 국가는 황제 나폴레옹 밑에서 자리잡았던 사람들에게 의존할 수밖에 없었다. 그리고 옛 귀족 신분이 공식적으로 다시 한번 인정되었다 할지라도 황제가 만든 칭호는 여전히 받아들여졌고[12] 레종도뇌르 훈장도 유지되었다. 반면 1814년 루이 18세가 선포한 헌장[13]은 1848년까지 헌법의 근거로 사용되었는데, 그것은 1789년의 정신으로 물들어 있었다. 사실상 복구된 왕정은 입헌군주정으로서, 양원 중 하원은 정규적으로 선출했고 개인의 자유와 언론의 자유와 법 앞의 평등과 과세의 평등이 보장되었다. 무엇보다도 그 헌장은 통치 초기 나폴레옹처럼 혁명에 의한 토지 정리를 명확하게 공식화했다. 교회와 망명귀족으로부터 몰수하였다가 매각한 토지는 원래의 소유자에게 반환되지 않는다는 것이었다. 실지로 샤를 10세 정부는 1825년 토지를 잃었던 사람들에 대해 보상을 허용함으로써 부지불식간에 그 손실을 인정했다. 그리하여 혁명의 업적을 개탄한다고 선언했던 이후의 체제는 혁명이 초래했던 대규모 재산의 변동을 받아들이고 보증했다.

이것만으로도 협약에 의해 복구된 가톨릭교회는 이전의 프랑스 교회와 별 유사성이 없었다는 사실을 확인하기에 충분하다. 토지나 증여받은 재산이나 재산 소유권이 없는 가톨릭교회는 독실한 신자의 기부 외에는 국가의 물적 지원에 전적으로 의존할 수밖에 없었다. 성직록을 받는 모든 성직자는 이제 국가가 임명했다. 옛날의 혼란스럽고 불규칙한 교회의 모습도 사라졌고 그와 마찬가지로 교회의 면세 특권이나 재정적 특권, 성직자들의 정규 회의가 갖던 제도적 독립성도 사라졌다. 수도회 역시 재건이 허용되지 않았다. 어쨌든 기부가 없다면 수도회가 재건될 가망은 거의 없었다. 마지막으로 종교적 관용은 구체제에서 공식적이었던 신앙고백적 통일성도 영원히 사라질 것임을 확인했다(그것은 이미 성직자들의 분노를 사며 1789년에 이르면 거의 붕괴하고 있었다). 이 모든 것은 교황의 동의 없이 이루어질 수 없었으며 나폴레옹이 1804년 황제 대관식 때 교황 비오 7세의 참석이 필요하다고 느꼈다는 것은 사실이다. 그러나 곧 황제와 교황은 이탈리아 문제를 두고 논쟁을 벌였으며 프랑스가 겪은 러시아에서의 재앙만이 세속의 권위에 더 많은 양보를 하는 것으로부터 교황청을 구해냈다.

비록 부르봉 체제는 그것이 왕좌와 제단을 복구시켰다고 묘사하기를 좋아했지만 나폴레옹의 뒤를 이은 그들은 거의 아무것도 바꾸지 않았다. 가장 극단적인 부르봉의 지지자들인 "울트라"는 혁명 이전의 교회를 복구시키는 것을 넘어 더 강력하게 만들기를 원했다. 그들은 혁명이 구체제 하의 종교적 권위를 침해했다고 비난했다. 그러나 신성모독에 대해 사형선고를 규정한 1825년 법안을 통과시킨 것이 그들의 유일한 성공이었고 그나마도 강제적인 규정이 아니었다. 한편 대관식에서 보인 샤를 10세의 독실한 행동은 존경보다는 조롱을 더 많이 샀다. 1830년의 혁명 이후 루이 필리프로 그를 이어받았던 사촌은 신의 은총에 의한 지배라는 주장을 결코 펼치지 않았다. 그는 단지 프랑스 국민이 선택한 지배라는 주장만을 펼쳤을 뿐이다.

완전히 바뀐 세계

프랑스 외부에서 프랑스혁명이나 그 영향이 무너뜨린 것들을 복구시키려는 시도 역시 비슷한 운명을 맞았다. 여기에는 나폴레옹이 조금도 기여하지 않았다. 실지로 혁명의 도구가 되겠다는 그의 가장 강력한 주장은 아마도 그가 이탈리아와 독일과 스페인에서 하나의 통일체로서 국가를 무효화시키고 민법대전과 교황과의 협약을 도입함으로써 낡은 질서를 체계적으로 붕괴시켰던 방식을 말하는 것이었다. 프랑스의 무능함 앞에서 1795년 열강들에 의해 국토가 나뉘고 지도에서 지워졌던 폴란드에서만 바르샤바 공국의 낡은 질서가 되풀이되도록 만들었을 뿐이다. 그것 말고는 나폴레옹 이후의 유럽을 확립하기 위해 소집되었던 빈 회의가 국제적인 구체제 같은 것을 만들 전망은 없었다. 사실상 빈 회의는 국경을 새로 그었고 나폴레옹만큼이나 자신 있게 군주를 다시 배정했으며 이탈리아에 있는 교황 자신의 국가를 제외하면 어떤 교회 국가도 복구시키지 않았다. 1780년대의 강국들 모두가 예전보다 더욱 강력하게 재등장하였다는 것은 사실이다. 그러나 나폴레옹만큼 규모가 큰 미래의 충돌을 예방하고자 하는 "유럽의 화합"은 완전히 새로운 것이며 18세기의 비정하고 기회주의적인 국제 질서에 "균형"을 가하자는 모호하게 표현된 욕망 말고는 다른 원인이 없었다. 그와 비슷하게 1815년 이후 동유럽의 군주들에 의해 조롱당했던 "신성동맹"은 18세기라기보다는 16세기의 풍미가 나며 다른 어떤 무신론적 혁명의 힘이 유럽을 붕괴시키는 것을 미연에 방지하자는 의도로 형성되었다.

그러므로 구체제나 그 요인들을 재도입하려는 시도가 있을 때마다 그 시도는 결코 순진할 수 없었다. 그것은 언제나 구체제가 한때 실패했다는 인식에 영향을 받았으며 무엇이 구체제를 무너뜨렸고 그 재앙이 어떻게 예방될 수 있었는지에 대한 신념으로 물들어 있었던 것이다. 전이나 다름없이 취약한 구체제를 복원시키려 하는 것에는 의미가 있을 수 없다. 따라서 진정한 복원은 결코 가능하지 않았으며, 군주제나 귀족제나 교회가 그들을 무효화시키려는 혁명적 시도 이후에 재등장했다 할지라도 그것은 1789년 이전에 그 이름들이 표방하던 일반적인 의미를 닮을 수는 없었다. 외관에도 불구하고 혁명의 공격을 받았던 것들 중에서 진정 상처를 입지 않고 살아남은 것은 거의 없었다.

문자 그대로 더이상 어떤 것도 신성하지 않았다. 이제 모든 권력, 모든 권위, 모든 제도는 잠정적일 뿐이며 단지 합리성과 유용성이라는 의미에서 정당화될 수 있을 때만 타당했다. 이런 의미에서 프랑스혁명은 진정 계몽사상의 승리를 대변하며 우리가 여전히 살고 있는 정신세계를 불러들인 것이다.

제 5 장

혁명이 시작한 것

혁명은 국민 주권에 대한 단언으로 시작했다. 왕이나 세습적인 지도층이나 교회가 아닌 국민이 인간사에 있어서 최고 권위의 근원이라는 것이다. 1790년 국민의회로 하여금 프랑스는 자기 방위 외의 목적으로는 전쟁을 하지 않을 것이라고 선언하도록 이끌었던 것도, 2년 뒤 새로운 공화국이 독일 전제군주 연합의 적대적인 공격에서 살아남았을 때 국민공회로 하여금 자유를 회복하려는 모든 민족에게 형제애와 도움을 제공하겠다고 추동하였던 것도 바로 그런 신념이었다. 국민공회가 그러한 전면적인 약속이 불가능하다는 것을 인정하는 데까지는 고작 몇 달이 걸렸을 뿐이다. 또한 한 세대 뒤에는 혁명이 불러일으킨 힘은 국민이 주권자가 될 수 있다는 생각을 비웃던 비타협적인 귀족과 복수심에 불타는 성직자들의 지원을 받은 왕들의 동맹에 의해 패배하게 되었다. 그럼에도 불구하고 정치적 정통성의 새로운 원칙이 최종적으로 출범하게 되었던 것으로서, 1815년의 반발이 거둔 명백한 승리 이후 100년 이내에 국민 주권은 유럽과 남북아메리카에서 널리 받아들여졌다. 20세기에 그것은 유럽인들을 그들의 해외 식민지에서 몰아낼 때 그 차례를 맞아 거론될 것이었다.

전체주의적 민주주의

무엇이 국민을 이루는가 하는 것은 문제로 남아 있었다. 귀족의 특권을 비난하기 위해 사용되는 시에예스의 1789년 정의는 "관습법 아래 살고 있고 동일한 입법 의회에 의해 대표되는 동료들의 집단"이었다. 이것은 출발점에 대한 정의에 불과할 뿐 그 이상은 아니다. 최소한 언어, 전통, 영토를 중요하게 간주하는 사람들에게는 지나치게 느슨한 정의이다. 그러나 한번 자체 정의가 된 국민은 지난 두 세기에 걸쳐 그들이 선택하지 않은 권위에 의해 지배받는 것에 만족한 적이 거의 없었다. 1789년의 혁명가들은 국민 주권이 대의제에 의해서만 실행될 수 있다고 가정했지만 10년도 지나기 전에 나폴레옹은 국민 주권이 독재와 심지어 군주제까지도 정당화시키기에 적합한 개념인지 보여주기 시작했다. 1799년과 1804년 사이에 그가 스스로 세습 황제가 되려고 밟았던 모든 단계는 세심하게 다듬어진 질문에 상응하는 국민투표에 의해 승인되었다. 그 결과는 결코 의심받은 적이 없었고, 모든 것은 더 확실하게 보이도록 거의 분명히 조작되었다. 그의 조카 나폴레옹 3세도 1851년과 1852년에 권력을 장악하기 위해 국민적 정통성을 부여하는 동일한 방법을 사용하게 될 것이었다. 근자에는 1958년에도 제5공화국은 드골de Gaulle 장군에게 방대한 권력을 부여하는 국민투표에 의해 시작되었다. 프랑스 밖의 전 세계는 20세기까지 기다려야 국민투표 또는 전체주의적 민주주의의 기술이 널리 전파되는 것을 볼 수 있었다. 그러나 그 기술은 당시에 선언되었던 더욱 자유주의적인 이상에 못지않게 1789년의 위대한 합법화 원칙 속에 굳게 뿌리내리고 있었다.

자유주의

"자유주의"라는 용어는 나폴레옹의 권력이 쇠퇴하기 전까지는 발명되지 않았다. 그것은 1810년과 1813년 사이에 나폴레옹 이후 스페인에 대의제 정부를 확립하기 위한 카디스 의회Cortes of Cádiz의 여망을 표현하기 위해 처음 사용되었다. 그러나 스페인의 자유주의자들이 꿈꿨던 것은 프랑스에서 제헌의회가 처음 확립했던 정치적 전형에 바탕을 둔 것이었다. 그것은 인권의 근본적인 범위를 보장하는 성문 헌법으로 지탱되는 대의제 정부를 가리킨다. 그것은 19세기를 통틀어 정치 개혁가들이 요구해왔던 것의 최소한의 사항이며 1917년 러시아에서 최후의 절대 군주정을 전복시킬 때까지 그 요구는 계속 이어졌다. 자유주의 신조의 본질은 "인간과 시민의 권리선언"에서 찾아볼 수 있는데 투표의 자유, 사상과 신념과 표현의 자유, 그리고 자의적인 법이나 세금의 부과 혹은 구금으로부터의 자유를 뜻했다. 자유주의자들은 "권리선언"에 구현된 평등을 믿었다. 그것은 법 앞의 평등, 권리의 평등, 기회의 평등을 뜻했다. 그러나 그들은 재산의 평등을 믿지 않았다. 그들이 일관되게 상기시켰던 법의 지배의 중요한 기능 중 하나는 재산 소유자들의 절대적 권리를 보장하는 것이었다.

그것을 넘어서면 견해 불일치의 범위는 넓어진다. 20세기에 이르기까지 여성도 남성과 동일한 자유와 평등을 누려야 한다는 것을 받아들인 사람들은 극소수에 불과했다. 프랑스 혁명 당시에도 여성의 자유를 위한 주장을 펼쳤던 대담한 정신의 소유자들은 남녀 모두 조롱을 받거나 침묵을 강요당했다. 프랑스 여성들이 1944년에 이르러서야 비로소 참정권을 얻게 되었던 이유 중의 하나는 제3공화국의 정치가들이 여성 유권자들은 성직자들의 영향을 크게 받는다고 두려워했던 사실이었다. 1793년 이래로 여성들은 혁명적 세속주의에 대한 가톨릭 저항의 버팀목이었다. 인종적 평등 역시 자유주의자들을 양면적으로 만들었다. 프랑스에서 노예제도에 반대하는 최초의 소요는 혁명의 출발과 일치했다. 그러나 노예는 재산이었고 그들의 노동력이 재산과 교역의 방대한 조직을 지탱했다. 그들과의 유대가 느슨해지는 것의 위험성은 1791년 생도맹그의 위대한 노예 폭동에 의해 생생하게 증명된다. 그곳에서의 지배권을 다시 확보하기 위한 시도로서 국민공회의 의원들은 노예제도 폐지를 선언했고 1794년 2월 그들의 조치는 파리에서 추인되었다. 의원들은 그들이 세계 최초로 노예제도를 폐지한 지배자들이었다고 자축했다. 실지로 그러했다. 그러나 그들은 기정사실을 그저 인정했을 뿐이었다. 어쨌든 나폴레옹은 10년도 지나기 전에 프랑스의 지배 아래 남아 있는 섬들에서 노예제를 복구시켰다. 그리고 겉으로 보기에 나폴레옹의 체제보다 훨씬 자유주의적으로 보이는 체제에서도 1848년의 혁명가들이 1794년의 유산을 존중하는 것을 그들의 일차적 임무 중 하나로 만들 때까지 노예제도는 유지되었다.

이런 행동을 했던 새로운 제헌의회는 성인 남성의 보통선거에 의해 선출되었다. 그것은 1792년 국민공회를 선출할 때 마지막으로 사용되었던 자유주의 원리에 대해 뒤늦게 경의를 표했던 또다른 사례이다. 그때에도 하인과 실업자는 배제되었다. 1789년의 사람들은 그보다 더 제한적이었다. 그들은 단지 재산 소유자만이 정치적 대의제에 참여할 권리를 가졌다고 믿었다. 이제 모두가 시민이라면 최소한 수준의 재산을 가진 사람들만이 "적극적" 시민이 될 수 있었다는 것이다.[1] 이러한 차별은 역사만큼이나 오래된 민중의 공직 생활 참여에 대한 불신을 반영했지만 혁명의 사건들은 그것을 없애기 위해 아무 일도 하지 않았다. 혁명은 1789년의 위기에서 폭동과 위협과 유혈 속에 태어났는데 처음 몇 해 동안 민중의 폭력과 위협은 깜빡거리는 불빛이었다가 1792년 9월 학살로 경악스러운 피의 광란으로 터져나왔다. 모든 사람들은 상퀼로트의 복수에 찬 요구가 1년 뒤 공포정을 촉발시켰다고 인식하고 있었기 때문에 공포정이 끝난 뒤 1795년의 헌법을 만들 때 국민공회는 1791년보다 더 많은 사람들을 공직 생활로부터 배제하는 작업에 의도적으로 착수했다. 그리하여 반 세기 동안 하나의 양식이 마련되었는데 그에 따르면 대의제는 대단히 부유한 사람들, 잃을 것이 있는 사람들만을 대표한다는 것이었다. 나폴레옹 체제처럼 대의제가 없는 체제조차 그들의 이익을 연구하고 그들의 협력을 얻어 지배하려고 노력했다.

민중

문제성이 큰 모순이란 자유주의의 원리를 이끌어낸 혁명은 민중의 지지가 없었다면 발생할 수 없었다는 것이다. 파리의 민중이 7월 14일[2]에 국민의회를 구했고 1789년 10월에도 마찬가지였을 것이다.[3] 단지 반혁명가들만이 여전히 폭도라고 감히 부르는 그 사람들은 자극을 받아 행동에 나선 민중의 표상이었으며, 그들의 과잉 행동을 정당화시키려는 목소리는 언제나 찾을 수 있었다. 격노한 마라는 자신의 신문 〈민중의 친구〉에서 그렇게 함으로써 언론인의 경력을 쌓았고, 1793년 암살당한 뒤에는 민중의 대의를 위한 순교자로 추앙되었다(가장 인상적인 다비드의 그림에서 기념되고 있다[그림 9]). 1792년에 이르면 민중 행동가들은 단지 작업복만을 입으면서 "상퀼로트"임을 자랑스러워했고, 군주정이 전복된 뒤 민중주의의 문체와 수사학이 3년에 걸쳐 공공의 삶을 지배했고 정중한 형태의 의복과 웅변은 포기되었고 (최소한 남성 사이의) 참정권은 평등화되었다. 평등주의적 헌법이 선포되거나 적어도 약속되어 무상 교육과 가난하고 병들고 장애가 있는 사람들을 위한 복지를 지원하는 "사회보장"이 허용되었

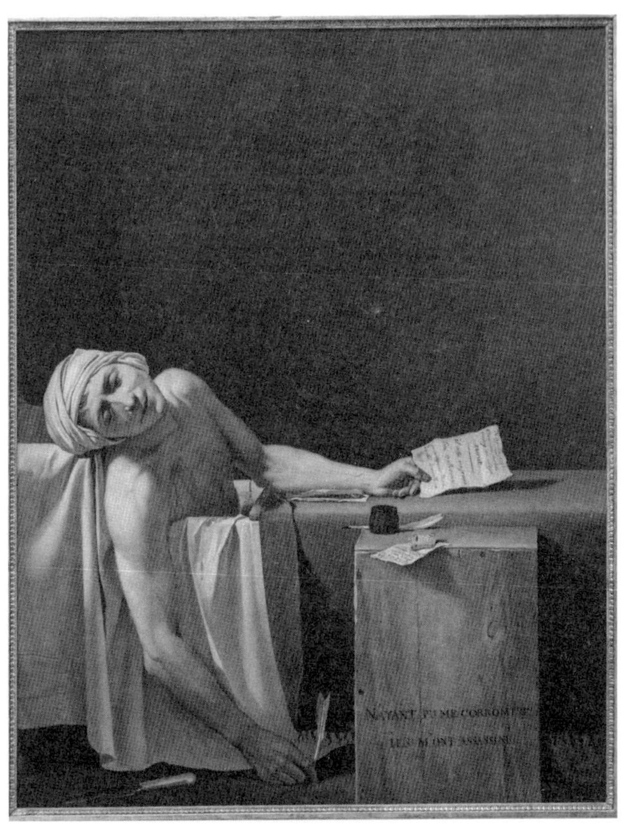

9. 살해된 마라: 자크 루이 다비드가 그린 혁명의 피에타

다. 한편 부자는 국채를 강요당해 피해를 봤고, 망명귀족과 반역자의 재산을 가난한 애국자에게 재분배해야 한다는 이야기가 나왔으며, 기본적 생필품은 "최고가격"에 의해 낮게 유지되었다. 로베스피에르의 몰락 이후에는 이 모든 정책들이 포기되었다. 그러나 그와 거의 동시에 많은 사람들은 이런 것들이 진정한 사회적 평등의 빼앗긴 약속이라고 간주하기 시작했다. 1796년에 바뵈프와 그의 공모자들은 그들의 권력을 지금껏 시행된 적 없는 1793년 헌법에 토대를 두겠다고 제안했다. 훗날 사회주의자들은 혁명력 2년을 그들의 이상에 대해 최초의 "기대"를 갖게 한 순간으로 돌이켜보곤 했다. 그때 민중이 더욱 강력한 조종자들의 수단으로서가 아니라 최초로 자신의 이익을 추구하면서 정치에 진입하였다는 것이다.

공포정

그러나 여기에도 문제가 많다는 모순은 있었다. 혁명력 2년은 동시에 공포정의 시대로서 최소한 그 마지막 단계는 사회적 복수를 행동으로 옮긴 것처럼 보였다. 민중의 정치와 공포정은 불가분한 것인가? 훗날의 어떤 사회주의 혁명가나 공산주의 혁명가들은 로베스피에르나 생쥐스트Saint-Just 같은 연설가들이 틀을 잡았던 이론적 합리화에 의존하면서 단지 박멸만이 민중의 적을 패배시킬 수 있다는 주장으로부터 물러서지 않았다. 폭력이 없이는 참된 혁명도 있을 수 없었다. 비록 19세기는 혁명 재판소와 그것이 수행했던 여론 조작용 재판의 기억 때문에 진저리를 쳤다 할지라도 20세기는 혁명으로부터 정당성을 얻었다고 주장하는 많은 체제 아래에서 그런 것들이 메아리가 되어 다시 나타나는 것을 보곤 했다. 그중 가장 현저한 것이 1930년대의 러시아와 30년 뒤 중국의 "문화혁명" 때였다. 혁명의 광범위한 여망에 공감하는 후대의 많은 사람들은 사회가 단지 유혈에 의해서만 더 평등해질 수 있다고 믿기를 꺼리는데, 그것은 이해할 만하다. 그들은 혁명력 2년에 있었던 재산에 대한 위협을 생명에 대한 위협으로 받아들였던 자유주의자들과 함께 공포정을 기껏해야 잔인한 필요악 정도로, 즉 그것은 혁명의 비정한 논리 때문이 아니라 "상황"의 힘 때문에 제1공화국에 강요된 것이라고 보았다. 성급하게 부과된 종교적 선택은 물론 루이 16세와 그 왕비의 분별없는 행동 때문에 분열된 나라에서 반대와 반역 사이의 구분이 불분명할 때 전쟁이라는 운명은 국토방위라는 극단적인 조치를 내렸다. 그러나 공화주의는 그것이 처음 도입되었을 당시의 유혈에 대한 기억으로 여러 세대에 걸쳐 오염되어 있었다. 나폴레옹은 공화국을 죽인 것이 공포정이었다고 회고했다. 그러나 대다수의 공화주의자들에게 혁명은 이루어져야 하는 것에 대한 처방이라기보다는 일어날 수 있는 일들에 대한 경고였다.

좌익과 우익

그러한 모든 인식은 혁명의 성격이 아무리 혼합되어 있다 할지라도 거기에는 악보다 선이 더 많다는 확신에 근거하고 있다. 이것이 좌익으로부터의 관점이며, 그 단어 자체가 혁명에 기원을 두고 있는 정치에 대한 서술 방식이기도 하다. 이어지는 의회마다 더 큰 변화를 옹호하는 자들은 의장석 왼쪽에 앉는 경향이 있었던 반면 보수주의자들은 오른쪽으로 모였다. 사실상 현대 정치의 보수주의인 우익은 혁명에 대립되는 모든 것인 만큼이나 프랑스혁명의 산물이었다. 비록 현대 우익 이념의 기원은 1789년 이전에 성직자들에게 반대하는 계몽철학자들의 비판에 맞서 기성 종교를 옹호했던 작가들로 거슬러올라갈 수 있지만 같은 관점에서 계몽철학의 재앙적인 결과로 보였던 혁명은 보수주의에 새로운 관심을 주었다. 구체제의 타고난 무기력이라는 개념은 영원히 사라졌다. 혁명의 공격으로부터 정부와 권력 구조와 사회 제도를 보호하려면 이제는 전례 없는 합리화와 전략의 체계화가 요구되었다. 환멸에 찬 사부아의 망명귀족 조셉 드 메스트르Joseph de

Maistre가 말했듯 "이전에는 왕정 수호가 본능이었다면 이제 그것은 과학이다". 버크의 〈프랑스의 혁명에 대한 고찰〉은 프랑스인들의 어리석음에 대한 그의 비난은 물론 선조들의 민족적 감정이나 편견이나 복종에 대한 그의 칭찬만큼이나 널리 번역되었다. 프랑스의 사례에 저항하는 근거로서 독일에서는 자생적인 문화적 전통도 널리 소환되었다. 드 메스트르는 혁명을 불경함에 대한 신의 징벌로 보았지만, 또한 그것은 유럽으로 하여금 신의 지도와 왕의 지배에 다시 헌신하라는 섭리의 초대이기도 했다고 묘사했다.

음모자와 혁명가

옛 질서의 붕괴와 이어진 전면적인 변화는 모든 사람들을 놀라게 했다. 파괴와 분노와 학살의 끔찍한 소식이 계속 이어지던 다음 5년의 혼란 속에서 당황한 목격자들은 그처럼 한계가 없는 소동을 위한 설명을 찾으려 궁리했다. 적대적인 관찰자들은 그것이 음모일 수밖에 없다고 생각했다. 정치적 클럽 조직으로서 자코뱅파가 혁명적 급진주의의 중요 요소로 등장함에 따라 그것은 18세기에 걸쳐 그리도 압도적으로 번창했던 신비로운 프리메이슨과 다르지 않다는 의심도 제기되기 시작했다. 프리메이슨은 이신론적이지만 관용적이고

(그런 이유로 두 차례에 걸쳐 가톨릭교회의 비난을 받았었고), 자유(그림 10), 평등, 선의와 같은 가치를 비밀리에 찬양했다. 옛 지도층들도 프리메이슨에 가입하기 위해 그 집회소에 드나들었다 할지라도 돌이켜보건대 그들의 목적과 가치들은 기존 가치들을 잠식시키는 것처럼 보였다. 그렇지만 프리메이슨과 프랑스혁명, 또는 자코뱅 클럽 사이에 신뢰할 만한 인과관계는 확립된 적이 없었다. 그러다가 1797년에 종교와 군주제와 사회의 위계질서를 전복시킬 음모 속에 그들이 결탁되어 있었다는 취지의 책이 나와 유럽 전역에서 베스트셀러가 되었다. 바뤼엘Augustin Barruel의 『자코뱅의 역사를 설명하기 위한 회고록』은 20세기까지도 출판되었는데, 1789년 이전에는 피해망상증에 걸린 몇몇 성직자들을 제외하면 누구도 놀라게 하지 않았던 운동에 대한 죽지 않는 의혹을 반영하고 있다. 실지로 프리메이슨은 이제 어떤 유럽 대륙의 국가들에서는 공화주의와 반성직주의와 끊을 수 없이 연결되어 있는 것으로 여겨져 거기에 가입하는 것은 급진적인 정치적 확신을 보여주는 몸짓이 되었다(그러나 혁명 이전에는 결코 그렇지 않았다). 따라서 나치와 그들의 괴뢰정권 비시에 이르기까지 보수적 체제에서는 프리메이슨을 짙은 의심의 눈으로 계속 바라보며 주기적으로 그 조직을 폐쇄하곤 했다.

그러한 의심에 근거가 완전히 없지는 않다. 즉 19세기를 통

10. 지속되는 전설: 외젠 들라크루아의 〈민중을 이끄는 자유의 여신〉(1830)

틀어 많은 정치적 급진주의자들이 실지로 혁명을 일으키는 방식은 은밀한 음모를 통하는 것이라고 믿게 되었기 때문이다. 1789년 이전에는 혁명이라는 것이 없었다. 어느 누구도 기존 질서가 그리도 철저히 전복될 수 있다고 믿지 않았다. 그러나 그것이 가능하다는 것이 증명된 후 1790년대의 프랑스 역사는 영감이건 경고이건 현대사의 고전적인 사건이 되었다. 모든 측면에서 무엇을 하고 무엇을 피할지의 표본이 된 것이다. 혁명의 동조자들이라 할지라도 음모는 혁명을 달성하는 방법이 아니라는 주장을 받아들일 수 없었는데 만일 그렇다면 그것은 의식적인 인간의 능동적 행동의 영향을 넘어서는 예측 불가능한 운명의 작품에 불과할 것이기 때문이다. 그리하여 1790년대 유럽 여러 나라에는 혁명을 모의하는 비밀 단체가 있었다. 폴란드와 아일랜드에서는 그런 단체가 광범위한 유혈 폭동을 일으키는 데 중요한 역할을 했다. 패배한 그 지도자들은 프랑스로 도움을 청했고, 타데우시 코시치우슈코Tadeusz Kościuszko[4]나 울프 톤Wolfe Tone[5] 같은 인물들은 그 이후 국가의 독립을 위한 예언자나 순교자로 추앙되었다. 프랑스에서 혁명 자체가 추종자들을 실망시키기 시작했을 때 진정한 자코뱅 음모가 만들어졌다. 그러나 구체제가 아닌 새로운 체제에 대한 것이었다. 역사상 최초의 공산주의 혁명의 시도였던 1796년 바뵈프의 "평등파의 음모"는 비참하게 실패했다. 그러나 그와 함께 음모를 꾸몄던 부오나로티Filippo Michele Buonarroti는 오랜 삶의 나머지를 음모를 꾸미는 혁명 조직을 만드는 데 바쳤다. 그리하여 1828년에 나온 책『평등을 위한 음모*Conspiracy for Equality*』에서 바뵈프에 대한 기억을 지속시켰고, 그 책은 세 세대에 걸쳐 체제 전복자들에게 영감을 주었고 1917년 러시아혁명 이후에 공산주의 성공을 위한 신성한 텍스트가 되었다. 러시아가 두 개의 혁명을 경험했던 20세기의 첫 25년 동안 사실상 러시아 지식인들은 프랑스의 선례에 집착했으며 1917년을 이끌었던 중요 인물들도 누가 자코뱅이고 누가 지롱드이며 그들 뒤에는 나폴레옹이 잠복해 있는 것이 아닌지 항상 생각해보곤 했다.

유형과 패러다임

한편 프랑스에서는 또다른 혁명에 의존하는 것이 하나의 기준이 되었으며 19세기 대부분에 걸쳐 그것이 많은 사람들에게 매우 훌륭한 정치적 대안이 되었다. 1830년 샤를 10세가 그의 형 루이 18세조차도 나폴레옹을 승계하는 대가로 받아들였던 혁명의 유산의 희석된 부분마저도 포기하려는 듯 보이자 그는 파리의 길거리에서 사흘에 걸친 폭동 끝에 전복되었다. 그의 사촌이자 승계자였던 루이 필리프는 눈에 띄게 삼색기를 휘두르면서 1789년에 시작된 비통하게 분열된 전통을 절충시키기를 바랐다. 그는 실패했고 자신의 차례를 맞아 1848년 혁명의 더 큰 민중적인 저항으로 축출되었다. 또다른 보나파르트가 이 사태를 끝냈지만 그가 보불전쟁에서 패배하자 공포정 이래 가장 심한 유혈 사건이 벌어졌다. 1871년의 파리 코뮌에서는 2만5000명 가량이 사망했다. 코뮌이라는 이름부터가 1792년을 상기시켰으며, 많은 코뮌파는 스스로를 상퀼로트의 분신이라고 여기면서 제1공화국 때와 똑같은 적들, 즉 왕당파와 가톨릭과 표리부동한 장군들과 탐욕스러운 부자들과 싸운다고 생각했다. 그러나 탐욕스러운 부자들만이 그들의 패배로부터 큰 혜택을 이끌어낼 수 있었으며, 1870년대 초반의 트라우마로부터 출현한 제3공화국은 혁명의 이미지 속에서 기뻐하며 1790년대에 처음으로 명확히 표현한 민주적 반교권주의 여망을 온건하게 추구했다. 1917년 이후 반 세기에 걸쳐 많은 프랑스의 지식인들은 러시아혁명을 뒤늦게 실현된 자신들의 약속으로 간주했고, 그 혁명에 대한 연구사는 프랑스 공산당 당원이나 동조자들이 지배하고 있다. 그러나 혁명 이야기에 대한 그들의 이해는 1950년대 중반부터 도전받기 시작했고, 1989년 소련이 붕괴되면서 혁명 200주년을 주도하였던 프랑스의 해석은 신보수주의자로서 이전의 공산주의자였던 프랑수아 퓌레François

Furet의 것이었다.

비록 퓌레는 공포정이 출발점부터 혁명에 내재되어 있었다고 보았지만 그럼에도 불구하고 그는 혁명의 경험이 근대 정치 문화의 기반이라고 보았다. 미국은 이것을 논박하기 위한 최고의 근거를 갖고 있다. 그들의 건국 혁명은 프랑스혁명보다 10년 이상 앞서고 있다. 미국의 독립이 가능하도록 도와준 뒤 프랑스의 많은 동시대인들은 대서양 건너편의 사례가 고무적이라는 것을 알았지만, 누구도 그것이 대서양을 넘어 유럽으로 이식될 수 있으리라고 생각하지 않았다. 18세기 정치적 창의성의 영구적 기념비인 미국의 헌법이 완성되었을 때 프랑스인들도 그들 자신의 헌법을 만들면서 그들의 혁명은 역사 속의 어떤 것과도 다르며 단지 형제애의 선의를 제외하면 다른 곳의 이전 봉기에 빚진 것이 거의 없다고 주장했다. 이는 어느 정도 그럴듯한 말이다. 미국인들 스스로도 새로운 프랑스가 그들의 독립을 도왔던 그 국가와 동일한지에 대해 견해가 심각하게 갈리는 데 별로 시간이 걸리지 않았고, 그 새로운 체제의 어느 정도까지를 그들이 찬양해야 할지 확신하지 못했다. 구대륙과 멀리 떨어져 있고 그곳과의 접촉에 대해서도 상반된 감정을 갖고 있었으며 당시까지도 주변적 언어를 사용했던 아메리카는 20세기에 이르기까지 혁명의 영감으로서는 프랑스혁명보다 하찮게 여겨지고 있었다. 물론 미국의 서부 확장은 1803년 나폴레옹이 루이지애나라는 방대한 영토를 팔았던 사실에 크게 힘입기는 했다(당시 판매한 루이지애나는 뒤에 생긴 루이지애나주보다 훨씬 컸다).

보수주의, 반동, 그리고 종교

한편 유럽의 보수주의는 안정과 복종과 질서의 구체제가 전복되도록 허용한 것은 경계심의 부족이었다고 확신하고 그 전복의 근원을 공격했다. 1790년대가 끝나기 전에 모든 정부에서는 첩자와 정보원을 늘리고 정규적인 경찰력 실험을 하며 신속하게 억압 수단을 확대했다. 용의자 명단은 일상적으로 보관하면서 그들의 동향을 추적했다. 모든 형태의 출판물에 엄격한 검열을 가했고 혁명 전과 혁명 기간에 불복종과 자유사상을 전파한다는 비난을 받았던 언론은 면밀한 감독을 받도록 했다. 이렇듯 억압적인 체제 중에서도 가장 효율성이 높았던 것은 나폴레옹 자신의 체제였다. 비록 그는 혁명의 산물이긴 했지만 그는 자코뱅주의의 사회적 위협에 의해 억눌렸던 재산 소유자들을 안심시키는 것에서 자신이 호소할 근거를 찾았다. 또한 나폴레옹은 혁명에 의해 프랑스에 가해진 본원적이고 여전히 가장 깊은 상처는 로마가톨릭교회와의 분쟁이었음을 인식하고 있었다. 혁명을 끝내는 데 그가 비오 7세와 맺은 협약보다 더 크게 기여했던 것은 없다. 그 이후 19세기의 모든 보수적 체제가 그러했던 것처럼 그는 질서와 권위를 위한 가장 견고한 지지는 기성 종교의 확고하고 공인된 역할에 있다는 것을 확신했다. 그는 종교에서 "사회 질서의 신비" 그 이상도 그 이하도 보지 못했다.

1793년 종교적 관례를 철저하게 박멸시키려는 역사상 최초의 시도와 그 다음 해에 국민공회에서 종교와의 모든 연계를 끊었던 것(이것은 유럽 역사에서 최초의 명백한 세속 국가의 탄생이었다)을 포함하는 1790년대의 경험에 충격을 받은 교회도 나름대로 세속의 권력과 오래 묵은 동맹을 갱신하려고 매우 열심이었다. 그러나 그 경험은 결코 만족스럽지 못한 것으로 드러났다. 협약을 체결한 지 8년도 지나기 전에 교황 비오 7세는 그의 선임자[6]와 마찬가지로 프랑스의 포로가 된 뒤 이탈리아 중부의 지배권을 박탈당하고 4년 동안 나폴레옹의 끊임없는 위협을 겪어야 했다. 세인트헬레나에 유배되어 있던 전 황제 나폴레옹은 교황청을 전면 폐쇄하려고 계획했다고 주장했다. 그의 뒤를 이은 부르봉 왕들은 교회에 훨씬 우호적이었다. 그러나 그들도 교회를 1789년 이전 위치로 복구시킬 생각을 포기한 지는 오래되었다. 협약을 재조정하려는 시도는 틀어졌고 새로운 체제는 나폴레옹이 교황으로 하여금 처음 협상의 전제조건으로 받아들일 것을 고집했던 교회 토지의 손실을 공식화했다. 이제부터 교회의 운명은 격동의 세기를 통틀어 프랑스 국가 내의 우여곡절을 모두 반영했다. 마침내 프랑스가 1794년에 교회와 국가 사이의 모든 관계를 단절했던 그 국가의 후예임을 자랑하는 공화국이 되었을 때 그 길은 분리로 결정되었고 1905년에 드디어 이루어졌다.

비록 교황은 1814년에 이탈리아 영토를 돌려받았다 할지라도 프랑스를 넘어 유럽 어느 곳에서도 교회의 지배는 복구되지 않았다. 그리고 이탈리아의 민족주의자들은 교황령을 이탈리아 반도 통일의 주요 장애물로 간주하는 경향이 더욱 커졌다. 1870년 나폴레옹 3세가 몰락할 때까지 군주정 프랑스는 교황청의 주요 지지자였다. 그러나 더욱더 옹벽 안에 갇혀 고립되었던 비오 9세는 이 세상이 아닌 곳의 권력에 의존했다. 프랑스의 지지가 끝난 것과 이전 교황령이 새로운 이탈리아 왕국으로 통합된 것은 바티칸 공의회에서 교황의 무오류성 원칙을 선포한 것과 일치한다. 그 이전에는 세속 군주들의 반응을 두려워하여 이번처럼 단호하게 선포한 적이 없었다. 1790년 이래 교회와 국가 사이의 관계에 대한 경험은 국가의 지원이 없다 하여도 최소한 신앙심은 번성할 가능성이 있다는 사실을 증명했다. 그러한 교훈은 1870년대에 새로운 독일 제국이 가톨릭교회에 대항해 "문화투쟁Kulturkampf"을[7] 출범했을 때 강화되었다. 로마는 계속하여 프랑스혁명을 현대의 불경과 반교회주의의 근원으로 보면서 파문에 처했고 그런 태도를 찬양하는 사람들은 이 문책을 기꺼이 받아들였다. 그러나 1790년대의 충격은 교회 내부에서 교회는 세속의 권위와 관련을 맺지 않는 것이 더 낫다는 인식을 서서히 출발시키기도 했다. 교회는 그 자체의 결정을 자유롭게 내리고 그 관례와 활동을 관용해주기를 요구하면 된다는 것이었다. 20세기 중반 스페인이나 아일랜드의 경우처럼 권력이 주어지면 성직자들은 거기에 저항하기 힘들다는 것을 알고 있었다. 그러나 (또다시 프랑스혁명으로 거슬러올라가는 것이지만) 잦은 정치적 변화가 정상이며 또 기대되는 세계에서 어떤 체제와 지나치게 가까이 지내는 것은 아무리 공감을 받는다 할지라도 사려 깊은 성직자에게는 지혜가 아니라는 것이 더욱더 명백해졌다.

결국 교회는 19세기 내내 반동적이고 억압적인 체제에 너무 가깝게 밀착한 대가를 계속해서 치렀다. 1920년대에 이르러서도 멕시코혁명[8]의 마지막 단계는 1793년의 탈기독교화를 의식적으로 반영하였던 것처럼 보였고, 진용을 갖춘 교회를 지지하기 위해 독실한 인디언들이 일으킨 크리스테로 Cristero 폭동[9]은 같은 해에 일어났던 방데 폭동을 상기시켰다. 그러나 극단적인 반성직주의가 최후의 위대한 승리를 거뒀던 것은 (최소한 그것이 1945년 이후 폴란드, 체코슬로바키아, 헝

가리에 도달하기 전까지는) 가톨릭교회라기보다는 러시아 정교회를 대상으로 한 것이었다. 1922년에 이르면 레닌Lenin은 "우리는 이제 성직자들에 대항해 단호하고 무자비한 전투를 선동해야 하며 우리는 그들의 반대를 잔혹하게 진압하여 그들이 몇십 년에 걸쳐 잊지 않도록 해야 한다. 이런 이유로 우리가 총 쏘는 일에 더 많이 성공할수록 더 좋은 것이라는 확실한 결론에 도달했다". 1793년에 기독교에 열성적으로 반대했던 몇몇 사람처럼 스탈린Stalin은 혁명 이전에 성직자 수련을 받았으며 그의 치하에서 소련은 공식적으로 무신론과 "미신" 타파에 전념했다. 대다수의 교회는 문을 닫거나 파괴되었으며 (1790년대의 프랑스처럼) 신앙은 대체적으로 농촌 여성들에 의해 명맥을 이어갔다. 그의 사망 이후 이러한 정책은 완화되긴 했을지라도 계속 유지되었다. 그럼에도 소련이 붕괴하면서 교회는 다시 나타났다. 한편 동유럽의 위성국가들은 가톨릭교회와 맹렬히 맞서는 것이 좋지 않다는 사실을 알았다. 돌이켜 생각하면 1978년 공산주의 진영 폴란드 출신의 교황이 출현했다는 것은 교회가 자신감을 회복했다는 증거로 볼 수 있을 것이다. 그것은 거의 두 세기 전에 처음 공식화되었던 극단적인 세속주의의 이데올로기가 흔들리기 시작했던 순간이었다.

아니면 최소한 기독교에 대한 존경심 때문이었을 것이다.

그것과 같은 시기에 이슬람이 다시 등장하기 시작했다는 사실은 혁명의 유산에 새로운 반전을 더해준다. 1979년의 이란 혁명은 프랑스의 패러다임과 많은 유사성을 갖지만 종교국가를 폐지하기보다는 확립하였다는 점에서 다르다. 비슷한 여망이 2012년과 2015년 사이의 불운한 "아랍의 봄"[10]의 일부에 영감을 주었다. 21세기의 여명이 트면서 이슬람교도들이 대규모로 유럽으로 이민했던 것도 새로운 종교적 갈등을 빚었다. 그것은 프랑스에서 가장 심했는데 그곳에서는 이슬람교도들의 관습을 공적으로 드러내는 것이 세속주의laïcité 법의 강화를 유발했다. 그 법은 어떤 종류의 종교적인 연계도 금지한다는 공화주의의 원칙으로서 1795년의 본원적인 세속화 법령에 기원을 둔다.

합리화

혁명가들의 종교에 대한 비판은 전면적 공격이 되기 이전부터 인간사에 합리성을 증진시키겠다는 1789년의 더 광범위한 언명의 일부였다. 그들의 생각에 구체제의 붕괴는 그들에게 자신의 상황을 장악하고 의식적인 계획이나 원칙에 따라 변경할 기회를 제공했다. 그 이전에는 어느 누구도 그렇듯 특별한 기회를 갖지 못했다. 혁명군과 나폴레옹의 군대가 차례로 다른 구체제들을 전복시키면서 그들은 그 신민들에게 (사실 강요하면서) 동일한 기회를 부여했다. 이제 드러나고 있는 새로운 합의와 제도의 기조는 합리성과 균일성이었다. 행정의 지도와 경계가 다시 그어졌고, 구역이 평등해졌으며, 모든 종류의 이례가 제거되었다. 그 당시에 프랑스를 나누었던 구획인 도(道)는 20세기까지 변함없이 남아 있었다. 언어, 통화, 도량형 등 교환과 소통 수단의 균일화도 도입되었다. 1795년에 도입된 미터법은 지난 두 세기에 걸쳐 세계의 대부분 국가에서 채택되었다. 이 모든 것을 지탱해주는 것이 중앙집중되어 세심하게 규제된 교육 제도와 단순하고 간결한 법전이다. 1790년대에 이런 것들은 단지 초안만 잡혀 있었거나 간신히 시작했을 뿐이었다. 그러나 나폴레옹의 추진력과 결단력은 이 대부분을 제자리에 굳게 정착시켜 이어지는 체제에서도 추구해야 할 목표로 확립시켰다. 이것이 현대 국가가 체계를 잡는 방식이었다. 국가들 사이의 경쟁이라는 비정한 압력 아래 1789년 이전에도 이런 방향의 움직임이 여러 나라에서 진행되고 있었던 것은 사실이다. 그러나 그 나라들에서는 논란이 분분했는데, 바로 프랑스의 구체제를 붕괴시켰던 그러한 움직임에 대한 논란이었다. 혁명은 프랑스와 프랑스의 세력이 닿는 어떤 곳에서도 [합리성에 대한] 저항의 제도나 힘을 뒷전으로 밀어두었다. 그렇게 함으로써 프랑스혁명은 의지만 있다면 근대화는 얼마나 쉬운 것인지 좋은 본보기를 모든 체제에 제공했던 것이다.

아니면 그렇게 보였을 뿐인지 모른다. 실지로 프랑스혁명이 거두어들인 승리들은 결코 쉽게 얻어지지 않았다. 그것은 국내에서의 망상에 사로잡힌 만행과 해외에서의 군사적 냉혹성을 거쳐 확보되었다. 1만 6000명의 공식적인 공포정의 희생자에는 1793년부터 1794년 사이의 투쟁과 보복 속에 사멸한 15만 명이 더해져야 할 것이다. 사실상 황폐화된 방데는 최근의 일부 역사가들에 의해 최초의 근대적 집단학살의 시도로 치부되고 있다. 프랑스와 프랑스의 혁명적 원리에 맞선 처절한 투쟁 속에서 혁명의 적들도 그들 형태의 공포정치를 저질렀다는 사실도 잊혀서는 안 된다. 그 예는 1794년 러시아인들에 의한 폴란드인 학살과 1798년 영국이 아일랜드를 박해했던 사건이다. 1792년과 1815년 사이에 구체제 유럽에 대항한 프랑스의 전쟁에서 500만 명 이상의 유럽인들이 죽었고 그중 140만이 프랑스인들이었다. 그것은 1914년부터 1918년까지의 제1차세계대전보다 기간은 길었다 할지라도 거기에 버금가는 희생자를 낸 학살이었다. 그러한 대가는 혁명가들의 야망이나 업적에 고취된 훗날의 관찰자들에 의해 간과되거나 무시되어왔다. 20세기의 러시아와 중국에서 보이듯 그러한 열성가들이 의기양양한 곳에서 피의 향연은 반복되리라는 추론이 가능하다. 하지만 그런 대가를 치르면서도 승리는 얻지 못했다.

제한적 유산

이 장을 통해 살펴보았듯 프랑스혁명이 19세기에 남겨놓은 유산은 엄청나지만 그것은 언제나 부분적이고 모순적이다. 20세기에 확립되었던 공산주의 혁명의 체제들은 유럽에서 20세기를 넘기지 못했다. 20세기를 넘어 여전히 잔존하는 체제들은 그 창건 선조들이 분노할 만한 방향으로 변해가고 있다. 장기적으로 혁명의 충동을 둔화시킨 것은 지속되는 문화적 다양성이다. 국가 권력에 의해 강요된 합리화의 이데올로기나 1789년 이래 합리화를 신봉한 지식인이나 행정가들도 습관과 전통과 종교적 신념이나 지방 혹은 지역에 대한 충성심이나 특정 언어라는 덜 합리적인 정체성의 근원이 갖는 중요성을 말살시키는 데 성공하지 못했다. 아마도 모든 혁명의 합리화 가운데 가장 야심적인 것은 1792년 9월 공화국 건설로부터 시간 자체를 새롭게 시작하려는 시도였을 것이다. 달 자체가 새로 조정되어 새로 이름 붙여지고 7일 단위의 한 주는 10일 단위의 데카드décades로 대체되었다. 그것은 결코 유행하지 않았으며 제14년(1806년) 말에 나폴레옹에 의해 공식으로 폐지되었다. 이것은 인간의 저항이나 무관심 앞에서 이성이 실패한 많은 다른 예의 전조였다. 1980년대 중엽부터 세계의 공산주의의 보편주의 체제 대부분이 붕괴한 것과 함께 그러한 힘들은 새로운 활력을 갖고 다시 나타났다. 프랑스를 포함하여 20세기에 공산주의가 승리한 적이 없었던 나라에서도 탈중앙화와 지방으로의 권력 이전, 언어적 다양성의 인정, 너무도 쉽게 맡았거나 습득했던 의무를 국가가 포기하는 일들이 20세기의 마지막 20년의 특징이었다. 1989년 혁명 200주년이 저물어갈 때, 혁명이 출범시켰던 지속적인 가치의 찬양으로 의도되었던 것은 차라리 그 장례식처럼 보이기 시작한다.

제 6 장

혁명의 위치

영국의 관찰자 아서 영Arthur Young은 1789년 6월 27일 파리에서 이렇게 적었다. "이제 모든 일이 끝나고 혁명은 완결된 것으로 보인다." 사람들은 확신이라기보다는 희망에서 그러한 분석을 반복하곤 했는데, 그것은 1799년 12월 나폴레옹이 공식적으로 혁명 종식을 선언할 때까지 10년 동안 지속되었다. 그때조차 나폴레옹이 뜻했던 것은 프랑스에서 거창한 행사를 열지 않는다는 것이었다. 그는 계속하여 16년 더 혁명을 수출하게 될 것이었다. 그밖에도 혁명은 단지 의미 없는 일련의 소요가 아니었다. 이러한 갈등은 19세기 내내 계속하여 충돌해왔던 원칙과 사상에 관련된 것이었으며 그것은 20세기에 마르크스 공산주의의 승리로 새로운 힘을 얻을 것이었다.

따라서 1978년 프랑스의 역사가 프랑수아 퓌레가 유명한 논문의 서두에서 "프랑스혁명은 끝났다terminée"고 선언한 것은 여전히 많은 프랑스 지식인들의 눈에는 터무니없게 보였다.

역사적 도전

퓌레가 뜻했던 것은 중세사가들이 (퓌레가 든 예다) 메로빙거 왕조의 왕들을 초연하고 감정을 배제시킨 채 연구하는 것과 비슷하게 이제 혁명은 역사적 연구의 주제가 되었다는, 또는 되어야 한다는 것이었다. 20세기 전반에 걸쳐 프랑스에서 서술된 혁명의 역사는 학문적 분석이라기보다는 기념행사에 불과했고 그 정당성은 일련의 공산주의자들이나 대학의 위계질서 속에 참호를 파고 있는 동료 여행자들에 의해 독점되었던 반면 퓌레의 공격은 개인사로 점철되어 있었다. 퓌레는 소르본의 졸업생이었지만 언제나 대학 세계를 경멸했고 경쟁을 벌이던 고등연구실습원École Pratique des Hautes Études(훗날의 사회과학고등연구원EHESS)에서 경력을 쌓았다. 젊어서 공산당원이었던 그는 많은 사람들과 마찬가지로 1956년 소련의 헝가리 침공으로 환멸에 빠진 뒤 공산당을 떠났다. 1965년 그와 동료 탈당자 드니 리셰Denis Richet가 혁명의 역사를 새롭게 썼을 때 그는 그 분야의 선도적인 전문가들로부터 침입자라고 만장일치로 매도당했다. 즉 그 주제를 다룰 자격이 없다는 것으로 "길을 벗어났다"고 암시하는 해석을 제시해 혁명의 목적과 방향이 갖는 본질적인 일체성을 위배하였다는 것이다. 1978년에 이르면 퓌레는 그 관점을 포기했지만 그것이 불러일으켰던 적대감은 포기하지 않았다. 1997년 사망할 때까지 여생 동안 그는 특히 혁명 200주년 기념 논쟁에서 공격에 박차를 가했다. 그해가 끝날 무렵 그는 유쾌하게도 자신이 승리했다고 선언했다.

고전적 해석

퓌레는 누구를 패배시켰는가? 그는 그 패배자를 "자코뱅-마르크스주의 판의 불가타 성경[1]"이라고 불렀다. 그에 반대하는 사람들은 그것을 혁명에 대한 "고전적" 해석이라고 불렀다. 그것의 바탕은 혁명이 진보의 원동력이라는 확신이었다. 퓌레의 승리 선언에도 불구하고 혁명은 여전히 많은 추종자를 이끌고 있기 때문에 그 확신은 현재형으로 진행된다. 즉, 계몽사상의 결실이자 증명이었던 혁명은 프랑스인들뿐 아니라 인류 전체를 미신과 편견과 일상적이고 부당한 사회적 불평등의 손아귀로부터 결연하고 민주적인 정치 행동을 통해 해방시켰다는 것이다. 이것이 자코뱅의 기본 원리로서

1790년대의 무수히 많은 자코뱅 클럽 회원들의 주장과 거의 다르지 않았다. 역사적 해석으로서 그것은 19세기 혁명적 전통의 수호자들의 저작에 바탕을 두고 있는데 아마도 가장 유명한 자가 쥘 미슐레Jules Michelet로 그는 "민중"의 대단한 숭배자였다. 자신감 있고 현실 안주적인 자코뱅의 관점은 단지 공포정에 의해서만 방해를 받았는데, 그들은 그것을 잔혹한 필요악이나 국토방위를 위한 반응으로만 옹호했을 뿐이다.

20세기로 넘어갈 무렵 역사서술의 자코뱅주의에 새로운 정치적 덧칠이 가해지기 시작했다. 1898년부터 위대한 좌파 정치가 장 조레스Jean Jaurès는 〈프랑스혁명의 사회주의적 역사Histoire socialiste de la Révolution française〉를 내놓기 시작했는데, 그것은 혁명의 경제적, 사회적 차원을 강조하면서 마르크스주의 분석의 요인을 소개하였다. 마르크스 자신은 혁명에 대해 직접적으로 쓴 적은 별로 없지만 귀족과 봉건주의에 대한 공격으로 시작했던 운동을 계급투쟁은 물론 자본주의와 봉건주의의 충돌을 강조하는 역사 이론으로 쉽게 맞춰 넣을 수 있었다. 이런 관점에서 프랑스혁명은 자본주의적 부르주아가 낡은 봉건 귀족을 쓰러뜨린 근대 역사의 핵심적인 순간이었다. 그에 대한 본질적인 문제는 따라서 경제적이고 사회적인 것이었다. 조레스가 집필했던 바로 그 순간에 열성적인 젊은 전문 역사가 알베르 마티에Albert Mathiez는 로베스피에르를 복원시키려는 필생의 작업을 시작하고 있었는데, 그의 공포정 아래 훗날의 사회주의 이상에 대한 명확한 "예견"이 나타났다는 것이다. 마티에는 자신의 관점을 프랑스혁명 전체에 대한 역사 서술에 부각시키기 시작하였고, 타고난 그의 정력은 1794년의 잃어버린 약속을 재생시켰던 것처럼 보인 1917년 러시아 볼셰비키 혁명의 사례와 거기에서 얻은 영감에 의해 몇 배로 커졌다. 로베스피에르의 덕성의 공화국은 레닌의 소련에서 다시 살아날 것이다. 마티에는 잠깐 공산당에 속해 있으면서 거기에 상응하는 역사학의 당파를 만들었으니 그것이 "로베스피에르 연구 학회"이다. 그 학술지인 〈프랑스혁명의 역사 연보Annales historiques de la Révolution française〉는 여전히 혁명 연구를 다루는 중요한 불어 정기간행물이다. 침묵을 강요당했던 비시 정권 기간을 제외한다면 1932년 마티에의 죽음부터 퓌레가 등장할 때까지 이 학회와 그 회원들이 프랑스에서 혁명에 대한 교육과 저술을 지배해왔으며, 계속하여 그 주도적 인물들이 소르본에서 혁명사 강좌의 교수직을 맡았다. 퓌레가 논쟁적 공격을 시작했을 때 그 교리적인 강좌를 담당했던 사람은 평생 공산주의자였던 알베르 소불Albert Soboul이었다. 퓌레가 자연스럽게 "수정주의"라고 불렀던 물방울은 그의 확신에 부딪쳐 허망하게 부서졌다.

수정주의

그러나 수정주의는 퓌레와 함께 시작되지 않았다. 그것은 1950년대 영어 사용권에 기원을 둔다. 영국에서는 알프레드 코반Alfred Cobban이 그리고 미국에서는 조지 테일러George V. Taylor가 그 기원이었다. 19세기 영어 사용권 문화에 속하는 많은 위대한 정신의 소유자들은 프랑스혁명과 나폴레옹에게 매료되었지만 그들의 관심은 20세기 전반기에 사그라들었다. 그 주제에 여전히 끌렸던 소수의 역사가들은 프랑스에서는 별로 연구하지 않았고 거의 인정받지도 못했다. 그러나 제2차세계대전 이후 서방의 민주주의가 국내외에서 마르크스주의자들에 의해 위협받는 것처럼 보였을 때 근대사의 그 위대한 사건을 과도한 왜곡으로부터 구출하는 것이 절박해 보였다. 코반과 테일러는 모두 그들이 프랑스 "정교"라고 불렀던 것에 정면 대결하기로 했다. 코반은 1789년의 혁명가들이 자본주의의 대변인이었다, 즉 구체제를 파괴했던 의원들은 관직 보유자와 지주였다는 것은 신화일 뿐이라고 주장했다. 어찌 되었든 테일러는 혁명 이전의 부는 대부분이 자본주의에 의한 부가 아니었고 그곳에 있었던 자본주의는 옛 질서를 파괴하는 데 전혀 관심이 없었다고 논했다. 실지로 옛 질서를 파괴한다면 무모한 자본주의 부르주아를 붙잡아두고 있는 장애물을 제거하기는 고사하고 경제적 재앙이 될 것이며, 돈이 있는 사람들은 모두가 안전한 토지에 투자하도록 만들 것이다. 이러한 비판으로부터 제기된 방대한 범위의 의문점들에서 실마리를 잡은 영어 사용권의 새로운 세대의 학자들이 1960년대와 1970년대에 그 새로운 가설을 검증하기 위해 프랑스의 문서보관소를 침공했다. 1980년대에 이르면 그들은 혁명의 기원에 대한 "고전적" 해석의 경험적 기반과 지적인 일관성을 전반적으로 붕괴시켰다.

처음에 프랑스인들은 앵글로색슨에 대한 그들의 전통적 경멸을 유지하면서 테일러와 코반에 대해 버크를 너무 많이 읽은 냉전의 전사로, 그들은 혁명이 서구 부르주아의 지배권에 대한 지속적인 위협이었다고 비난하기만을 원했다고 일축했다. 그러나 퓌레와 리셰가 프랑스 문화의 내향적인 세계 내부에서 고전적 해석에 도전하자 로베스피에르주의자들은 수세로 몰리게 되었다. 영어에 아무런 문제가 없는 퓌레는 1970년대에 외국인들의 발견과 논지를 자신의 해석에 접목하기 시작했다. 그뿐 아니라 프랑스에서는 오랫동안 무시되었지만 영어 사용자들에게는 진지하게 받아들여졌던 알렉시 드 토크빌Alexis de Tocqueville의 저작까지도 받아들였다. 토크빌은 혁명을 민주주의와 평등의 출현이지만 자유의 출현은 아니라고 보았다. 이 옛날 귀족이 증오했던 나폴레옹과 그의 조카는 독재가 어떻게 민주주의적 지지를 받으며 확립될 수 있는지 보인 바 있다. 왜냐하면 혁명은 국가 권력의 성장을 끊임없이 저해함으로써 자유의 정신이 살아 있도록 유지시킨 제도를 일소시켰기 때문이다. 이러한 통찰이 혁명은 결국 폭주하여 길을 벗어나 공포정치에 빠진 것이 아니라고 퓌레를 설득했던 것이다. 공포정치로 빠질 잠재력은 처음부터, 즉 국민 주권이 선포되었지만 국가 공동체 내부에 이해의 상충이 있다는 것을 정당하게 인정하지 않는 그 순간부터 내재해 있었다. 혁명은 그 자유주의적인 수사학에도 불구하고 옛 군주정이나 다를 바 없이 반대를 받아들이지 않았던 것이다. 근대 전체주의의 기원은 1789년과 1794년 사이에서 찾을 수 있을 것이다.

후기 수정주의

이것은 수정주의 이상이었다. 코반과 테일러는 물론 그들의 뒤를 이은 자들의 접근법은 대체적으로 경험적인 것으로 새로운 사료를 갖고 고전적 해석의 포괄적인 사회경제적 주장을 약화시켰지만 새롭고 대단한 전망을 추구한 적은 별로 없었다. 그들이 주장했던 최대치는 혁명이 정치, 우연, 그리고 어쩌면 우발적 사건으로 더 설득력 있게 설명될 수 있다는 정도였다. 이것은 대체로 이 책의 앞부분에서 채택했던 접근 방법이다. 그런 제안은 더 과감한 정신의 소유자들을 만족시키지 못했다. 퓌레가 혁명을 불가피하게 공포정치로 향하도록 추동했던 태도와 확신의 지배로 보았던 반면 대체로 미국에 있던 다른 사람들은 혁명적 행동을 문화적 측면에서 폭넓게 설명하려 했다. 그들은 1770년과 1789년 사이의 정치적 갈등으로부터 수많은 "담론"이 출현하는 것을 보았는데 그것이 혁명가들의 단호한 언어와 주장 중 많은 것들의 기반이 되었다. 그들은 독일의 좌파 철학자 위르겐 하버마스Jürgen Habermas의 생각을 차용하여 혁명 이전 세대에 공공 여론은 왕의 통제를 벗어났고 그 과정에서 군주제에 대한 존경이나 존중심이 썰물처럼 빠져나갔다고 논했다. 퓌레는 이러한 해석 경향이 초기의 수정주의보다 훨씬 더 마음에 들었고, 그리하여 더 많은 시간을 미국이나 해외의 학술대회에서 보냈다. 그곳에서는 문화적 접근에 몰두하고 있는 또다른 세대의 젊은 학자들이 수정주의의 승리를 어제의 전투로 취급하고 있었다. 1987년에 이르면 이러한 경향이 새로운 정통으로 확고해지면서 후기 수정주의라는 이름이 붙었다.

200주년

고전적 해석에 반대하여 어떤 말을 해도 최소한 그것은 일관되고 이해가 가능했다. 그와는 대조적으로 후기 수정주의의 "언어적 전환"은 철학자와 문학 이론가들의 영향을 더욱 더 크게 받아서 전문가 집단을 넘어서면 거의 이해가 어려운 대단히 난해한 자료를 생산해냈다. 그리하여 프랑스의 사회주의자 대통령이 1989년에 혁명 200주년 기념행사를 하겠다고 몇 년 앞서 고지했을 때 그는 축제의 학술 부문을 소불이 죽기 직전에 "우리의 친애하는 정통"이라고 칭한 것의 옹호자들에게 위임했다. 그들은 여전히 견고한 위치에 있었다. 소르본에서 소불의 후계자였던 미셸 보벨Michel Vovelle은 학술적 기념식을 주관한다는 세계적 임무를 부여받았다. 그는 이 일을 너무도 열심히 한 나머지 의사들이 그에게 중단하라고 권고할 정도였다. 그러나 학자들의 200주년은 대중의 200주년만큼이나 다루기 어려웠다. 보벨과 퓌레는 모든 대륙의 학술대회를 참관하며 여행을 다녔지만 같은 연단에 함께 모습을 보였던 적은 없었다. 퓌레와 그의 지지자들은 파리에서 보벨이 조직한 그해 최대의 학술회의를 보이콧했다. 이것은 1978년에 퓌레가 요청했던 학문적 초연함의 태도가 결코 아니었다. 분파적 감정을 격앙시키는 주제인 프랑스혁명은 그것이 끝났다고 주장하는 사람들에게조차 결코 끝난 것이 아니었음이 명백했다.

사실상 200주년은 욕설에 가까운 출판물의 폭발을 터뜨렸는데 그 대부분은 혁명과 그 유산의 이런저런 측면을 매도하는 것이었다. 프랑스에서 특히 목소리가 높았던 것은 방데 폭동의 옹호자들이었다. 그들은 당대의 프랑스에서 가장 끈기 있는 혁명의 적들이었으며 결과적으로 가장 야만적인 억압의 희생자들이었다는 것이다. 한때는 미신에 사로잡힌 광신자로 조롱받던 자가 이제는 독실한 농부 게릴라로서 그의 영웅적 행적이 정성스레 기록되었다. 가톨릭 성직자는 신자들에게 근대의 불경함이 언제 출발했는지 상기시켰다. 영어권에서는 학자들 모임 수백 개가 한 세대에 걸친 학문적 충돌의 잔해를 살폈고 출판사와 매체에서는 어떤 방식으로건 200주년을 언급할 필요가 있다고 느끼는(그림 11) 동안에 그해 가장 선정적이었던 사건인 사이먼 샤머의 『시민』이 출간되었다. 그 책은 생생하고 충격적인 이야기를 전달하기 위해 역사적 논쟁을 거의 철저하게 무시해버린 혁명에 대한 방대한 "연대기"였다. 책의 전반적인 취지가 있다면 그것은 혁명을 수행한다는 일이 어리석다는 것이다(다행스럽게도 그 취지가 동유럽에서는 잊혔는데 그들은 그 순간에 소련의 위성 체제에 저항하고 있었다). 그렇지만 샤머가 쓴 디킨스식 서술의 배후에는 지적인 태도가 존재했는데 그것은 본질적으로 퓌레의 태도와 마찬가지였다. 그 책에서 가장 중요한 문장은 이렇게 단언한다. 공포정은 사망자 수가 더 많은 1789에 불과했다는 것이다.

11. 학문적 과로: 혁명 200주년 기념에 대한 논평자들의 반응(〈데일리 텔레그래프〉 1989년 6월 3일자)

"폭력은 단순히 불행한 부작용이 아니었다. 폭력이 혁명의 집합적 활기의 근원이었다. 그것이 혁명을 혁명적으로 만든 것이었다." 샤머의 이야기가 1794년에 로베스피에르의 몰락과 공포정의 종말과 함께 급작스럽게 끝난다는 사실은 의미심장하다.

혁명에 대한 고전적 해석을 보여주는 대표적 문구 중의 하나는 제1공화국의 업적을 찬양했던 제3공화국 정치가 조르주 클레망소Georges Clemenceau에게서 인용한 것이다. 그는 혁명이 "블록bloc"이라고 선언했다. 혁명은 공포정과 모든 것을 포함해서 전체적으로 인정되어야 한다. 그것은 분해될 수 없다. 하지만 우연과 우발적인 사건, 관련된 사람들이 마주치는 선택의 실재를 강조하는 수정주의는 그와 다르게 시사한다. 젊은 퓌레와 리슈가 혁명이 길을 벗어났다고 말했을 때 그들도 마찬가지였다. 사건들을 동시대인들이 접했을 방식으로만 접근함으로써, 즉 다가올 공포정에 대한 인식이 없이 접근할 때에만 왕의 살해와 탈기독교화와 기요틴은 그 이후에 일어난 일들은 물론 선행했던 사건들에 그림자를 드리우지 않을 수 있다는 것이다. 그러나 후기 수정주의자들은 이런 접근방식에 등을 돌렸다. 그들은 역사의 행위자들이 생각하고 행동할 수 있게, 또는 그러지 못하게 결정한 문화적 제약을 강조함으로써 고전적 역사가들이 마르크스에게 영감을 받았던 전성기에 강조했던 사회경제적 요인과 다르지 않은 결정론으로 향하는 길을 열었다. 그리고 공포정은 처음부터 혁명에 내재되어 있었다고 주장함으로써 퓌레는 그것을 혁명의 의미 전체를 판단하는 핵심적 문제로 만들었다. 사실상 모든 종류의 후기 수정주의자들에게 혁명은 블록이었고, 그것은 혁명이 사라졌다고 말한 사람들에게도 마찬가지였다.

물론 그것은 다른 종류의 블록이다. 후기 수정주의자들이 공포정의 핵심적 성격을 강조했던 것이 혁명 자체뿐만 아니라 혁명을 기념하려는 모든 시도까지도 전반적으로 비난하게 만들었던 반면 프랑스 전역에서는 미테랑Mitterrand이 의도했던 인권 200주년 기념행사가 다수 개최되었다. 보벨은 나름대로 자코뱅주의로 거슬러올라갈 수 있는 좌익의 가치에 대한 헌신을 반복하면서도 학문적 연구는 모든 종류의 견해에 개방되어 있다고 온순하게 말하면서 자신이 퓌레와 어떤 종류의 다툼을 벌였다는 것을 인정하지 않았다. 그러나 몇몇 강경한 공산주의자들을 제외한다면 한때 주도권을 잡았던 고전적 전통의 추종자들은 200주년 이후 원만한 모습을 보였다. 1990년대에 〈프랑스혁명의 역사 연보〉는 신중하게 그 지면을 로베스피에르 연구 단체의 회원이 아닌 사람들에게 개방했고 그들의 책들에도 비난의 목적이 아닌 서평을 내기 시작했다. 마티에, 소불, 보벨의 강좌는 잠시 동안 방데 역사가들이 채우기도 했다.

꿈의 종말?

퓌레의 사망 이후 자코뱅주의에 동정적인 새로운 분석이 나타난 것은 사실이지만 대부분은 공포정이 그 주류의 일부였다는 것을 여전히 열심히 부정하고 있었다. 그렇지만 가장 무거운 타격은 학문적 수정주의나 후기 수정주의로부터 오지 않았다. 그것은 소련 공산주의의 장엄한 몰락과 1989년 7월 14일보다 단 몇 주 전에 자유를 요구하며 라마르세예즈를 부르던 학생들에 맞서 자신의 권위를 강화하려던 중국 공산당의 억압적인 시도로부터 왔다. 소련 공산당의 전면적인 억압의 기록에 대한 인식은 최소한 1956년 흐루쇼프Khrushchev가 스탈린을 비난하기 시작했을 때부터 증가하고 있었다. 그러나 소련이 계속하여 번성하고 강력해 보이는 한 마르크스주의 이데올로기는 작동했으며 피에 젖은 그 과거는 민중의 민주주의를 확보하기 위해 치러야 했던 비용이었다고 논할 수 있었다. 그와 비슷한 논리가 1793년과 1794년의 공포정을 합리화하기 위해 후대의 자코뱅을 지지하는 역사가들에 의해 사용되었다. 고르바초프Gorbachev의 지배가 소련의 체계가 실행 불가능하며 동유럽의 위성국가들을 지탱해줄 수 없다는 것을 드러냈을 때 그러한 기만도 붕괴되었다. 로베스피에르의 몰락 이후 반복적으로 좌절되어왔던 모든 희망과 꿈을 갖고 70년 동안 의지해왔던 체제가 지지자들과 함께 존경해왔던 원형보다 더 성공을 거두지 못한 것은 물론 더 큰 인간적 손실을 보았다고 증명한 것이다. 역사적 충성심이 비슷했던 중국인들은 자체의 내부 비판자들에게 총을 쏘거나 감옥에 가두는 것밖에는 대답할 말이 없었다. 만일 그런 체제들이 프랑스혁명의 참된 후계자라면 혁명의 중요성은 자유의 고양에 있는 것이 아니라 국가 권력의 증대에 있었다는 토크빌과 퓌레의 인식이 옳았다. 합리화된 국가의 선의의 잠재력에 대한 신념은 계몽주의의 첫번째이자 아마도 마지막 환상이었을 것이며 그런 의미에서 프랑스혁명과 그뒤 200년 동안 이어졌던 모든 혁명들은 계몽사상의 진정한 후손이었다는 것이다. 서구의 역사가들이 혁명 200주년을 어떻게 기념해야 할지, 아니면 기념을 해야 할지 말다툼을 벌이는 동안 그 환상은 죽었다.

다시 깨어나기

1950년대 후반에 코반과 테일러에 의해 수정주의의 기반이 다져지고 있을 때조차 미국의 역사가 로버트 파머Robert R.

Palmer에 의해 다른 관점이 다듬어지고 있었다. 그는 프랑스에서 일어났던 일들을 더 광범위한 사태의 진전과 융합시켰다. "서구의 세계 혁명" 또는 "민주주의 혁명의 시대" 또는 단순히 "대서양 혁명" 등 다양하게 불리는 그의 개념은 오랫동안 인정되어왔던 프랑스혁명과 미국 혁명 사이의 관련성에 토대를 두고 있었다. 그는 그 두 혁명이 공동으로 세습적 지도층의 권력에 반대하여 민주주의적 반란을 선도하면서 유럽 세계에 영향을 끼쳤다고 보았다. 파머는 그 당시 프랑스의 선두적인 역사가 중 한 명인 자크 고드쇼Jacques Godechot의 지지를 받았지만 대다수의 프랑스인들은 이 대서양주의를 수정주의로 치부하면서 그것을 냉전적 사고의 또다른 징후이자 나토NATO를 위한 역사적 선전물로 간주했다. 그 생각은 영어권 국가에서도 걱정스러운 주목밖에 받지 못했다. 그러나 인권의 200주년 기념식은 헌법과 헌법이 중시하는 인권을 항상 강조하는 접근에 대한 관심을 부활시켰다. 21세기 초에 훨씬 더 광범위하게 세계화가 이루어지고 있는 세상은 멀리 동떨어진 곳에서 선례를 찾으려는 관심을 촉진시켰다. 지역적 야심이 멀리 떨어져 있는 유사한 것에 대한 인식으로 고무된 개혁자를 낳은 최초의 시대에서 그 선례를 찾으려 한 것이다. 이 모든 것은 다른 많은 소요들 중에서도 "프랑스" 혁명이 갖는 우선권은 물론 독창성마저 잠식시켰다. 파머의 두 권으로 된 주요 저작 『민주주의 혁명의 시대*Age of the Democratic Revolution*』(1959-1964)는 2014년에 재출간되었다. 그렇지만 여성의 혁명 경험이나 카리브해의 노예 반란과 같이 이제는 유행이 되었지만 거의 다루지 않은 영역에 대해서 상기시키고 있다.

혁명은 여성의 참여를 인정하지 않고는 상상조차 하기 어렵다. 그렇지만 초기 세대의 역사가들은 1789년 10월처럼 여성들이 다수였던 놀랄 만한 광경을 보여주는 에피소드를 다루거나 아니면 혁명의 정치학에서 마라의 암살자였던 샤를로트 코르데나 지롱드파의 롤랑 부인Mme Roland, 또는 이른바 "혁명의 아마조네스"라 불렸던 「여성과 여성 시민의 권리선언Délaration des droits de la femme et de la citoyenne」(1791)을 쓴 올랭프 드 구주Olympe de Gouges 같은 극적인 희생자들을 다루는 데 국한하는 경향이 있었다. 그러나 구주는 영국의 메리 울스턴크래프트Mary Wollstonecraft처럼 여성도 남성과 마찬가지의 권리를 갖고 있다는 논리를 밝히는 최초의 체계적인 주장을 했고, 그의 글들은 이제 새로운 관심을 받고 있다. 그렇지만 페미니스트 역사가들은 남성에 의해 계획된 혁명에서 여성에게 복종을 강요하던 시대에 여성들이 혁명으로부터 받은 혜택이 얼마나 적었는지를 지적하고 있고, 현대에 그들에게 보내는 급진적 공감은 혁명의 시대에 너무도 많은 여성이 보수주의에 깊이 빠져 있었다는 사실의 도전을 받고 있다. 국민공회가 1793년 10월 파리의 호전적인 여성 클럽을 폐쇄한 사실에 대해서는 분노의 잉크가 넘쳐흐르지만 충성 서약을 하지 않은 성직자와 그들의 반혁명적 행위에 대해 지방의 여성들이 광범위한 지지를 보냈다는 사실에 대해서는 불균형적으로 관심이 주어지지 않고 있다. 그렇지만 어떤 관점을 갖고 있든 페미니스트 행동주의가 끓어오르는 시대는 이제 프랑스혁명을 여성사와 젠더 관련성의 문제에 있어 흥미진진한 에피소드로 만들고 있다.

반면 아무리 피상적이라 할지라도 혁명의 연구사는 언제나 여성에 대해 약간이나마 언급하고 있는 것에 반해 20세기 후반에 이르기까지 노예제도 문제는 거의 빛을 보지 못했다. 1789년 프랑스의 해외 식민지에는 70만 정도의 노예가 살고 있었고 그들의 노동력이 대서양 해안 왕국들의 폭발적으로 발전하는 경제를 지탱해주었는데도 그렇다. 그러나 200주년 이후에 인권의 역사와 해석에 대한 관심이 늘어나고 그것이 대서양의 관점의 부활과 결합되면서 식민지 문제는 혁명 연구에서 가장 빨리 확장되고 있는 분야 중 하나가 되었다. 핵심적인 관심은 생도맹그의 노예 대반란과 이제는 보통 아이티 혁명이라고 불리고 있는 그 결말이다. 왜냐하면 그것은 근대 최초의 노예제 폐지로 귀결되었으며, 아메리카 대륙 두번째의 독립 공화국이자 흑인들 최초의 공화국을 수립했기 때문이다. 이렇게 새로워진 관심의 대부분은 이러한 성취가 노예들 자신의 업적이었다는 것, 흑인의 "능동성" 때문이었다는 가정에 근거했다. 궁극적으로는 그것이 사실이었다. 그러나 그들이 이루었던 것과 같은 봉기는 프랑스에서 퍼져온 식민지 권력 구조의 와해 없이는 발생할 가능성이 거의 없었다. 수도에서의 기존 권위의 붕괴는 해외의 프랑스 영토에서도 국내에서만큼이나 많고 다양한 도전을 이끌어냈다. 그리고 식민지의 도전에 대한 수도 혁명가들의 반응은 식민지인들이 각 단계마다 어떻게 진화할지를 결정했다. 그러므로 이 문제는 논란이 많고 인종적으로 민감한 문제로 남아 있으며, 그러한 문제가 프랑스혁명의 역사를 다룬 책에서 다시는 주석으로 축소될 가능성은 대단히 적다.

"민중 운동"과 그것의 표상과도 같은 상퀼로트는 옛날과 같은 존경심을 더이상 불러일으키지 않는다. 방데와 브르타뉴의 반혁명 농민 반란자들이 수천의 파리의 민병대들보다 더 진정한 민중 운동가였다고 논할 수도 있을 것이다. 그러나 고전적 전통이 갖는 호소력은 결코 완전하게 줄어들지 않았다. 1793년과 1794년의 자코뱅의 선언에 수반했던 공포정을 자코뱅주의의 선한 의도와 분리하려는 시도는 간헐적이긴 하지만 계속 있어왔다. 그리고 공포정은 혁명의 존속에 핵심적이었고 혁명이 의미하는 모든 것이었다는 별도의 논지들도 다시 출현하기 시작했다. 그렇지만 그러한 관점이 수정주의 이전에 반 세기 동안 거의 도전받지 않고 누려왔던 헤게모니를 다시 회복시킨다면 그것은 놀라운 일이 될 것이다. 왜냐하면 인권 200주년을 기념하자는 프랑수아 미테랑의 결정은 혁명의 기억을 공포정과 분리하려는 저주받은 시도를 넘어서는 것이었기 때문이다. 그것은 또한 인권이라는 이념이 그 어느 때보다 더 중요하게 되었다는 사실을 인정하는 것이기도 하다. 독재와 학살의 체제는 혁명의 유산을 독점하지 못한다. 시민권과 참정권이 보장되어 있고 삶에서의 기회가 법 앞에서 평등한 현대의 입헌 민주주의의 시민이 혁명에서 기념할 것을 더 많이 찾을 수 있다. 프랑스혁명의 야망은 너무도 포괄적이어서 그 이후에 살았던 거의 모든 사람들은 거기에서 개탄할 점은 물론 찬양할 점도 찾을 수 있다. 혁명이 출범시켰던 전투들도 아직 끝나지 않았다. 공산주의의 붕괴를 자코뱅의 패배로 볼 수 있다면 유럽 연합은 1789년의 자유주의 혜택을 유럽 전체에 가져다주려는 지롱드파의 꿈을 반영한다. 이러한 여망도 결국 혁명 프랑스로부터 발산된 도전에 의해 처음으로 완전히 각성한 민족적 반향에서 큰 저항을 만났다. 버크의 〈프랑스의 혁명에 대한 고찰〉은 브렉시트주의자들의 성서까지도 될 수 있었다. 1987년에 저명한 문학비평가는 200주년 기념식의 완전한 상징적 의미가 드러나기도 전에 이렇게 적었다.

> 1789년의 주요 결과 중의 일부를 단순하게 나열하는 것은 오늘날 우리가 알고 있는 세계란 프랑스혁명이 야기한 반응과 정치적 전제와 구조, 수사적 가설의 복합체라는 것을 인식하게 만든다. 논란을 넘어서 분명히 프랑스혁명은 지구의 나머지 지역에 종종 차후의 모방적인 혁명의 운동과 투쟁을 수반하기 때문에 기독교 창건 다음으로 중요한 역사적 사회적 날짜이다. 시간 그 자체, 살아가는 역사의 주기는 두번째로 다시 시작하는 것으로 여겨진다. 1789는 계속하여 지금이다.
>
> —조지 스타이너George Steiner, 「반혁명의 측면」, 베스트 G. Best (ed.), 『영원한 혁명 *The Permanent Revolution*』

그렇지만 마지막 말은 이 책 시작에 언급했던 작가에게 남겨둬야 할 것이다. 어니스트 워딩은 말했다. “사랑하는 앨지야, 그것이 순수하고 단순한 사실 전부야.” 친구가 대답한다. “사실은 별로 순수하지 않고 절대로 단순하지 않아.”[2]

주

1장

1. 〈진지함의 중요성〉은 1895년에 발간된 오스카 와일드의 희곡이다. 이 작품이 런던에서 공연되고 있는 동안 오스카 와일드는 자신의 동성애 상대자의 어머니 퀸즈베리 후작부인을 상대로 명예훼손 소송을 제기했다. 그러나 그 결과는 자신의 동성애에 관련된 사실이 드러나게 되어 당시의 관례에 따라 와일드는 체포되고 2년 동안 수감되었다. 석방된 이후 그는 프랑스로 향했고 다시는 영국이나 아일랜드로 돌아가지 않았다. 희곡 속에서 워딩 씨는 브래크널 부인의 딸에게 구혼한다(앞으로 나올 이 책의 모든 주는 옮긴이의 주임을 밝힌다).
2. 보통 프랑스혁명의 구호로 자유, 평등, 박애를 말한다. 그러나 박애를 가리키는 fraternité는 '형제애'로 번역하는 것이 옳아 보인다.
3. 토머스 칼라일이 『프랑스혁명사』에서 로베스피에르를 이렇게 묘사했다.
4. 『두 도시 이야기』에 등장하는 오만한 귀족 에브레몽드 후작은 마차를 몰고 가다가 아이를 치어 죽이지만 그 보상으로 금화 한 닢을 창밖으로 던진다. 죽은 아이의 아버지는 마차 안으로 금화를 다시 던져 넣었고, 훗날 후작을 살해한 뒤 처형당했다.
5. 『두 도시 이야기』의 등장인물인 드파르주 부인은 에브레몽드 후작에게 끔찍한 피해를 본 소작인 가족의 살아남은 막내딸이었음이 밝혀진다.
6. 사실상 찰스 다네이는 사악한 귀족 에브레몽드 후작의 조카지만, 그 가문의 악행을 부끄럽게 여겨 이름마저 바꾸고 활동했다. 그렇지만 그는 에브레몽드 일가는 모두 죽여야 한다는 드파르주 부인의 의도 때문에 죽음을 맞게 되었다가 찰스 다네이와 놀랍게도 똑같이 생긴 변호사 시드니 카튼이 대신 감옥에 남아 죽음을 맞는다.
7. 존 리드는 미국의 언론인이자 공산주의자였다. 그는 소련의 소비에트 혁명을 지지하면서 미국에서도 유사한 혁명이 발생하기를 기대했다. 그는 1920년 러시아에서 티푸스에 걸려 사망했다. 마지막 순간에 소비에트 지도자들에 대한 환멸을 느끼기도 했지만, 그는 크렘린 국립묘지에 묻힌 세 명의 미국인들 중 한 사람이 되었다.
8. 『전쟁과 평화』의 주인공 중 한 명으로서 작가 톨스토이 자신을 가장 많이 반영하는 등장인물이라고 평가된다.

9. 리차드 프라이스는 영국의 목회자이자 정치개혁가로서 프랑스혁명과 미국 혁명을 지지했다.
10. 1776년에 발간된 『상식*Common Sense*』이라는 저서를 통해 영국인이었던 토머스 페인은 미국이 영국으로부터 독립해야 할 당위성을 조목조목 설파하였다. 그 책은 당대 최고의 베스트셀러가 되었다.

2장

1. 요크타운 전투는 실질적으로 미국 독립전쟁을 종결시킨 사건이었다.
2. 프롱드의 난은 프랑스의 부르봉 왕가에 대한 귀족들의 최후의 저항을 뜻하는 사건이었다. 프롱드는 파리의 길거리에서 아이들이 쏘는 새총과 같은 장치로서 아이들은 관헌을 향해 그것을 쐈는데, 거기에는 강화되는 왕권에 대한 저항의 의미가 담겼다. 고등법원을 약화시킴으로써 파리 귀족의 영향력을 약화시키려던 리슐리외 추기경에 대한 반감이 귀족들의 저항의 핵심이었는데, 파리 시민들은 에스파냐의 지지를 받던 왕당파에 반대했다. 프롱드 난의 궁극적인 실패가 절대왕정이 확립된 원인의 하나가 되었다.
3. 신분회는 '삼부회'로 표현되는 경우가 종종 있지만 일본에서 사용하는 그 용어를 무비판적으로 받아들일 수는 없다.
4. 파리의 고등법원에서 국왕의 칙령을 인가할 때 왕은 차양으로 가려진 왕좌에 앉아 있기에 이런 이름이 붙었다.
5. '법복귀족noblesse de robe'은 '대검귀족'에 대립되는 단어이다. 전통적으로 귀족은 무력을 갖추고 영주를 보호해주는 대가로 작위와 토지를 하사받은 자들이다. 따라서 그들에게는 무력을 갖추는 일이 필수적이었으며 그리하여 검을 차고 있는 귀족이라 하여 '대검귀족noblesse d'épée'이라고 불린다. 반면 매관매직에 의해 사법부의 관직을 구매함으로써 귀족이 된 자들이 있다. 그들은 단지 '법복'을 입어 귀족이 되었다는 경멸적 의미가 '법복귀족'이라는 단어에 내재해 있다.
6. 중농주의를 대표하는 프랑수아 케네François Quesnay는 중농주의의 기초를 세운 논문 「경제 도표Tableau économique」를 1758년에 발표했다.
7. "기근 동맹Pacte de Famine"은 18세기 프랑스에서 특권층에 혜택을 주기 위해 식량 중에서도 특히 곡물을 국민들로부터 빼돌렸다는 일종의 음모론을 가리킨다.
8. 1775년 파리에서 있었던 빵 가격 앙등에 항의하여 일어난 폭동을 가리키는 말이다.
9. 네덜란드 출신의 코르넬리우스 얀센Cornelius Jansen은 인간 구원의 문제에 있어서

신의 은총에 절대적으로 의존해야 한다고 주장하면서 극도로 엄격한 신앙생활을 강조했다.

10. "우니게니투스"는 교황 클레멘트 11세가 1713년에 공포했던 칙서로 프랑스의 대표적 얀센주의자 파스키에 크넬Pasquier Quesnel의 101개 명제를 비난했다.
11. 베르젠 백작 샤를 그라비에Charles Gravier, comte de Vergennes는 미국 독립전쟁 당시 루이 16세의 외무부 장관이었다.

3장

1. 아르투아 백작은 루이 16세와 루이 18세의 동생으로 1824년에 샤를 10세가 되었다가 1830년 7월 혁명의 결과로 왕위에서 물러나 망명을 떠나게 된다.
2. 이 귀족은 노에유 남작vicomte de Noailles이었다.
3. 왕실의 가족이 튈르리궁에서 변장을 하고 탈출하려다가 바렌에서 발각되어 파리로 압송되었던 사건을 가리킨다.
4. 그들은 파리의 튈르리궁 근처에 있는 이전의 푀이양 수도원에서 만났다. 푀이양 수도원은 시토회에서 갈라져나왔다.
5. 프리드리히 빌헬름 2세Friedrich Wilhelm II.
6. 프로방스 백작은 훗날 루이 18세가 되었다.
7. 귀족들이 입던 짧은 바지인 '퀼로트'를 입지 않았다고 하여 붙여진 이름이다.
8. 이 노래가 프랑스 국가 라마르세예즈La Marseillaise이다.
9. 브룬슈바이크 공작Karl Wilhelm Ferdinand von Braunschweig-Wolfenbüttel이다.
10. 루이 16세는 처형되기 4개월 전부터 "시민 루이 카페"라고 불렸다. "카페"는 987년부터 1328년까지 프랑스를 다스렸던 카페 왕조를 뜻하며, 그 이름은 프랑스의 첫번째 왕이라고 일컬어지는 위그 카페Hugh Capet에서 비롯되었다.
11. '장갑을 던지다'라는 표현은 '도전하다'라는 뜻이다.
12. 그 장군의 이름은 뒤무리에Charles François Dumouriez이다.
13. 1793년 여름에 있었던 '연방주의 반역'은 자코뱅파에 의해 혁명이 파리를 중심으로 중앙으로 집중되던 것에 반대하던 지방 도시의 분노의 표현이자 반발을 가리킨다.
14. 9월 29일 국민공회에서 수십 개의 품목에 최고가격을 정해놓은 법안을 말한다. 이 가격을 넘어 파는 상인이 있다면 고발할 수 있었다. 그러나 가격을 통제하려는 이 정책은 실패로 끝났다.
15. 에베르의 지지자들은 '과격파'라고 불렸던 반면 혁명이 온건한 노선을 취하기를

바랐던 이들은 '관용파'라고 불렸다.

16. 혁명력에서 '초원의 달'을 뜻한다.
17. 이 법은 판결을 사형과 무죄 두 가지로 축소시켰다.
18. 로베스피에르의 별명이다.
19. 로베스피에르의 처형으로 공포정이 끝난 뒤, 공포정에 대한 가장 강력한 반대자였던 루이 프르롱Louis Freron은 젊은이들의 폭력 조직을 만들어 나머지 자코뱅파를 소탕하려 했다. 그 청년들은 보통 유행을 선도하는 좋고 멋진 옷을 입었기에 "금박 청년들jeunesse dorée"이라고 불렸다. 이 말은 오늘날 그러한 역사적 의미를 상실한 채 부유하고 젊은 사교계의 명사를 가리킨다.
20. 그는 왕위에 오른 적이 없지만 '루이 17세'로 추서되었다.
21. 1795년의 헌법에서 국회는 양원제로 구성되어 있었다. 첫번째는 오백인회였고 두번째는 원로원이었다.
22. 1795년의 헌법에 따라 이 선거에서는 오백인회의 1/3과 원로원 의원을 뽑았다.
23. 캠퍼다운 전투는 영국의 해군이 네덜란드에게 완벽한 승리를 거뒀던 전투이다.

4장

1. 오늘날에는 중세의 문화 파괴 행위를 가리키는 용어로 사용되는 '반달리즘'이라는 단어는 실지로 1794년 블루아의 주교였던 앙리 그레구아르에 의해 프랑스혁명에 이어진 예술 작품의 파괴를 묘사하는 용어로 만들어진 뒤 널리 통용되기에 이르렀다.
2. 1830년의 7월 혁명 이후 프랑스의 왕이 된 인물이다.
3. 보통 풍향계는 탑이나 배의 돛대 꼭대기에 설치하는데 그것은 대체로 귀족의 문장(紋章)으로 장식되어 있다.
4. '마른 기요틴'은 프랑스령 기아나의 악마의 섬에 있던 감옥으로 보내는 유배를 가리키는, 그곳 수감자들의 은어였다.
5. 1798년부터 1799년까지 존속했던 프랑스혁명 정부의 괴뢰국가로서 고대의 로마 공화정과는 다르다.
6. 1792년 9월 20일 발미에서 파리로 진군하는 프로이센의 브룬슈바이크를 프랑스의 장군 켈레르망François Christophe de Kellermann과 뒤무리에Charles Dumouriez가 막아냈다.
7. 라틴아메리카를 가리킨다.
8. 프랑스 최고의 국가 훈장.

9. 이 체제는 1808년 3월 1일에 공식적으로 도입되었다. 왕족, 공작, 백작, 남작, 기사의 다섯 종류가 있었고, 후작과 자작은 나폴레옹이 우스꽝스럽다고 생각했던 이유로 제외되었다.
10. 중앙 정부의 정책이 지방에도 잘 시행되도록 나폴레옹이 만든 이들에게는 많은 특권이 주어졌고, 나폴레옹 스스로 그들을 "미니어처 황제"라고 부르기까지 했다.
11. 그 기간에는 샤를 루이 나폴레옹 보나파르트가 대통령으로 있는 공화정이었지만 그는 곧 나폴레옹 3세로 등극한다.
12. 주 5를 참고할 것.
13. 부르봉 왕정복고가 결정된 이후 빈회의에서는 왕위가 복구되기 전에 어떤 형태로든 헌법을 요구하여 만들어졌고, 이에 따라 프로방스 백작이 루이 18세가 되었다.

5장

1. 제헌의회에서 만든 헌법에 따르면 세금을 내는 '적극적 시민'만이 투표권을 행사할 수 있었다.
2. 바스티유 함락.
3. 여인들이 베르사유로 행진하여 왕과 국민의회를 파리로 옮겨왔던 일을 가리킨다.
4. 폴란드에서 대 러시아 봉기를 주도했던 인물.
5. 영국의 지배에 맞서 아일랜드에서 혁명을 주도하려던 인물.
6. 교황 비오 6세도 1796년 나폴레옹이 지휘하는 프랑스 군대에 패배한 뒤 포로가 되었다.
7. 프로이센에서 로마가톨릭교회의 영향을 감소시키기 위해 1871년부터 1877년까지 비스마르크가 주도했던 정책인데 가톨릭 신자들의 반발로 실패로 끝났다. 가톨릭 신자들은 오히려 가톨릭 중앙당을 만들었다.
8. 대략 1910년대에 장기 집권하던 포르피리오 디아스Porfirio Díaz에 반대하여 프란시스코 마데로Francisco I. Madero의 주도로 일어난 혁명을 가리킨다.
9. 멕시코에서 대토지 소유주였던 교회는 개혁 대상이었는데, 실지로 그 개혁이 이루어지자 교회가 신자들을 선동하여 일어난 폭동이었다.
10. 2010년대 초 아랍권에서 정부의 부패와 경제적 침체에 항의하기 위하여 일어났던 일련의 시위를 가리킨다.

6장

1. 5세기 초 교부 철학자 히에로니무스가 라틴어로 번역했던 성서로서 중세를 통해 정본 성서로 받아들여졌다.
2. 저자 윌리엄 도일William Doyle은 이 책을 시작할 때 인용했던 오스카 와일드의 희곡 〈진지함의 중요성〉으로 돌아가 책을 마친다. '앨지'는 희곡 주인공 중의 한 명인 앨저넌 몬크리프의 애칭이다.

연표: 프랑스혁명의 중요한 날짜

이전

1756-1763	7년 전쟁
1770	미래의 루이 16세와 마리 앙투아네트 결혼식
1771-1774	모포의 고등법원 구조 조정
1774	루이 16세 즉위. 모포 해임
1776	미국 독립 선언. 네케르 정부에 합류
1778	프랑스 미국 독립전쟁 참전. 볼테르와 루소 사망
1781	네케르 사임
1783	파리 평화조약. 칼론 재무상이 됨
1787	명사회
1788	8월 8일 1789를 위한 신분회 소집

8월 16일 국고 지불 유예

10월-12월 제2차 명사회

12월 27일 제3신분 두 배로 확대

진행중

1789 2월-6월 신분회 선거

2월 시에예스, 「제3신분이란 무엇인가?」

5월 5일 신분회 소집

6월 17일 국민의회 국민 주권 선포

6월 20일 테니스코트 선언

6월 27일 신분 대표자들이 드디어 회합

7월 14일 바스티유 함락

7월 지방의 "대공포"

8월 4일 봉건제, 특권, 관직 매매 폐지

8월 26일 "인간과 시민의 권리선언"

10월 5-6일 여성들 베르사유로 행진. 왕과 국민의회 파리로 옮김

11월 2일 교회 재산 국유화

12월 12일 아시냐 도입

1790 2월 13일 수도자 서원 금지

5월 22일 대외 정복 철회

6월 19일 귀족제 폐지

7월 12일 "성직자 시민 헌장"

8월 16일 고등법원 폐지

11월 27일 성직자 선서

11월 버크, 〈프랑스의 혁명에 대한 고찰〉

1791 3월 페인, 『인간의 권리』

3월 2일 길드 해체

4월 13일 교황 "시민 헌장" 파문에 처함

5월 14일 르 샤플리에법 노동조합 금지

5월 20일-6월 1일 바렌 도주

7월 16일 루이 16세 복권

7월 17일 샹드마르 학살

8월 14일 생도맹그 노예 반란

8월 27일 필니츠 선언

9월 14일 루이 16세 헌법 수용

9월 30일 제헌의회 해체

10월 1일 입법의회 소집

11월 11일 루이 16세 망명귀족 처벌 법안 거부

12월 19일 루이 16세 충성 서약 거부 성직자 처벌 법안 거부

1792 4월 20일 대 오스트리아 선전포고

4월 25일 기요틴 최초 사용

6월 13일 프로이센 대 프랑스 선전포고

6월 20일 상퀼로트 왕궁 침범

6월 30일 의용병 마르세예즈 부르며 파리 진입

8월 10일 군주제 폐지

9월 2-6일 9월 학살

9월 20일 발미에서 프랑스 최초의 승전보

9월 21일 국민공회 소집

9월 22일 공화국 선포

11월 19일 "자유 회복을 추구하는" 모든 민족에게 형제애와 도움 제공

12월 3일과 26일 루이 16세 재판

1793 1월 16일 루이 16세 사형 선고

1월 21일 루이 16세 처형

2월 1일 영국, 네덜란드와 전쟁

3월 11일 방데 반란 시작

3월 19일 벨기에의 네르빈덴에서 패배

4월 6일 공안위원회 설치

5월 31일-6월 2일 지롱드파 숙청

6월 "연방주의자 반역" 확산

7월 13일 마라 암살됨

7월 27일 로베스피에르 공안위원회 합류

8월 23일 국민총동원령 발동

8월 27일 영국의 툴롱 점령

9월 5일 상퀼로트 공포정 요구

9월 29일 최고가격제

10월-12월 탈기독교화 캠페인

10월 5일 혁명력 도입

10월 9일 국민공회 세력에 리옹 함락

10월 16일 마리 앙투아네트 처형

10월 30일 혁명 공화주의 여성 클럽 폐쇄

10월 31일 지롱드파 처형

12월 19일 툴롱 함락

12월 23일 사브네에서 방데인들 패배

1794 2월 4일 노예제 폐지

3월 24일 에베르파 처형

4월 5일 당통파 처형

6월 8일 최고 존재의 축제

6월 10일 프레리알 22일 법 파리의 "대공포"를 출발시킴

7월 27일-28일(테르미도르 9-10) 로베스피에르 몰락. 공포정 종식

8월-12월 "테르미도르의 반동"

9월 18일 공화국 모든 종교적 연계를 철회

11월 12일 자코뱅 클럽 폐쇄

12월 24일 네덜란드 공화국 침공

1795 2월 21일 교회와 국가의 공식적인 분리

4월 1-2일 상퀼로트의 제르미날 봉기

5월 20-23일 상퀼로트의 프레리알 봉기

6월 8일 루이 17세 사망

6월 24일 루이 18세의 베로나 선언

6월 27일-7월 21일 망명귀족들 키브롱 진격

8월 22일 혁명력 3년의 헌법과 2/3법 승인

10월 1일 벨기에 병합

10월 5일 파리의 방데미에르 폭동: "포도탄" 발사

11월 2일 총재 정부 출발

1796 2월 19일 아시냐 폐지

4월 11일 보나파르트 이탈리아 침공

5월 10일 바뵈프와 평등파 음모가들 체포

1797 4월 18일 보나파르트의 군대가 레오벤에서 오스트리아에 대한 평화조약 체결

6월 29일 치살피나 공화국 성립

9월 4일 프뤽티도르 쿠데타에서 평의원과 총재 정부 숙청됨

9월 30일 2/3법 파산

10월 18일 캄포 포르미오 조약. 유럽 대륙이 전쟁을 끝냄

1798 2월 15일 로마 공화국 선포됨

5월 11일 플로레알 쿠데타에서 선거 결과 무효화

5월 19일 보나파르트 이집트로 출항

5월 21일 아일랜드 반란

8월 1일 나일 전투. 보나파르트 이집트에 고립됨

9월 5일 주르당 법 포괄적 징집

1799 1월 26일 나폴리에 파르테노페 공화국 선포

3월 12일 오스트리아 전쟁 선언: 제2차 대 프랑스 동맹

4월 10일 교황 비오 6세 프랑스로 나포

6월 18일 프레리알 쿠데타로 총재 정부 숙청됨

8월 22일 보나파르트 이집트 떠남

8월 29일 교황 비오 6세 사망

10월 9일 보나파르트 프랑스 도착

11월 9일-10일 브뤼메르 18-19 쿠데타로 보나파르트 집권

12월 25일 집정관 헌법 선포

1800 6월 14일 제1집정관 마렝고에서 오스트리아 격파

새 교황 비오 7세와 협상

12월 3일 호엔린덴에서 오스트리아 최종적 패배

1801 7월 16일 협약서 서명

1802 3월 27일 영국과 아미앵 평화조약. 프랑스혁명 전쟁 끝

4월 18일 협약서 선포

이후

1804 〈민법 대전〉 반포

나폴레옹 황제 대관식. 제1공화국 종말

아이티 독립 선언

1806 신성로마제국 해체

1808 스페인 부르봉왕조 폐위

1812 나폴레옹 러시아 침공. 모스크바에서 퇴각

1814-1815 제1차 부르봉 왕정복고

1815 3월 20일-6월 22일 "백일천하"

6월 18일 나폴레옹 워털루에서 최종 패배

1815-1830 왕정복고

1821 나폴레옹 세인트헬레나에서 사망

1830 6월 1830 혁명

1830-1848 7월 왕정: 루이 필리프 통치

1835 뷔히너, 〈당통의 죽음〉

1836 칼라일, 『프랑스혁명사』

1840 나폴레옹 유해 귀국

1848	2월 1848 혁명
	12월 루이 나폴레옹 보나파르트 대통령 선출
1848-1852	제2공화정
1852-1870	제2제정: 나폴레옹 3세 통치
1856	토크빌, 『앙시앵 레짐과 프랑스혁명』
1859	디킨스, 『두 도시 이야기』
1870	보불전쟁: 나폴레옹 3세 폐위
1871	파리 코뮌
1873-1940	제3공화국
1905	교회와 국가의 분리
1917	러시아혁명
1940-1944	비시 정부
1944-1958	제4공화국
1958	제5공화국 확립
1989	프랑스혁명 200주년

혁명력

1793년 10월에 도입되어 공화국 선포 기념일인 9월 22일을 출발점으로 하는 혁명력은 1806년까지 공식적으로 사용되었다. 파브르 데글랑틴이 작명한 달의 이름은 계절을 연상시키려는 의도로 만들어졌지만 쉽게 번역되지 않는다. 그러나 조롱하기를 좋아하는 동시대의 영국인들은 다음과 같이 그것을 옮겼다. "미끄럼, 차가움, 물방울 떨어짐; 얼어붙음, 헐떡거림, 재채기 남; 소나기 옴, 꽃 핌, 우거짐; 더움, 밀 익음, 달콤함." 30일로 된 12달은 다섯 또는 여섯 날을 더 채워야 한다. 원래 이 날들은 "상퀼로트의 날sanculottides"로 불렸지만 총재 정부에서 "보충의 날"이라고 다시 이름이 붙여졌다. 다음은 혁명력과 그레고리력을 일치시킨 것이다.

달	혁명력			
	2년	3년	4년	5년
방데미에르 1일	1793.9.22	1794.9.22	1795.9.23	1796.9.22
10일	1793.10.1	1794.10.1	1795.10.2	1796.10.1
20일	11	11	12	11
브뤼메르 1일	22	22	23	22
10일	31	31	1795.11.1	31
20일	1793.11.10	1794.11.10	11	1796.11.10
프리메르 1일	21	21	22	21
10일	30	30	1795.12.1	30
20일	1793.12.10	1794.12.10	11	1796.12.10
니보즈 1일	21	21	22	21
10일	30	30	31	30

달	혁명력			
20일	1794.1.9	1795.1.9	1796.1.10	1797.1.9
플뤼비오즈 1일	20	20	21	20
10일	29	29	30	29
20일	1794.2.8	1795.2.8	1796.2.9	1797.2.8
방토즈 1일	19	19	20	19
10일	28	28	29	28
20일	1794.3.10	1795.3.10	1796.3.10	1797.3.10
제르미날 1일	21	21	21	21
10일	30	30	30	30
20일	1794.4.9	1795.4.9	1796.4.9	1797.9.9
플로레알 1일	20	20	20	20
10일	29	29	29	29

달	혁명력			
20일	1794.5.9	1795.5.9	1796.5.9	1797.5.9
프레리알 1일	20	20	20	20
10일	29	29	29	29
20일	1794.6.8	1795.6.8	1796.6.8	1797.6.8
메시도르 1일	19	19	19	19
10일	28	28	28	28
20일	1794.7.8	1795.7.8	1796.7.8	1797.7.8
테르미도르 1일	19	19	19	19
10일	28	28	28	28
20일	1794.8.7	1795.8.7	1796.8.7	1797.8.7
프뤽티도르 1일	18	18	18	18
10일	27	27	27	27

20일	1794.9.6	1795.9.6	1796.9.6	1797.9.6
보충의 날1일	17	17	17	17
보충의 날5일	21	21	21	21
보충의 날6일	22			
	6년	7년	8년	9년
방데미에르1일	1797.9.22	1798.9.22	1799.9.23	1800.9.23
10일	1797.10.1	1798.10.1	1799.10.2	1800.10.2
20일	11	11	12	12
브뤼메르1일	22	22	23	23
10일	31	31	1799.11.1	1800.11.1
20일	1797.11.10	1798.11.10	11	11
프리메르1일	21	21	22	22
10일	30	30	1799.12.1	1800.12.1

달	혁명력			
20일	1797.12.10	1798.12.10	11	11
니보즈1일	21	21	22	22
10일	30	30	31	31
20일	1798.1.9	1799.1.9	1800.1.10	1801.1.10
플뤼비오즈1일	20	20	21	21
10일	29	29	30	30
20일	1798.2.8	1799.2.8	1800.2.9	1801.2.9
방토즈1일	19	19	20	20
10일	28	28	1800.3.1	1801.3.1
20일	1798.3.10	1799.3.10	11	11
제르미날1일	21	21	22	22
10일	30	30	31	31

20일	1798.4.9	1799.4.9	1800.4.10	1801.4.10
플로레알 1일	20	20	21	21
10일	29	29	30	30
20일	1798.5.9	1799.5.9	1800.5.10	1801.5.10
프레리알 1일	20	20	21	21
10일	29	29	30	30
20일	1798.6.8	1799.6.8	1800.6.9	1801.6.9
메시도르 1일	19	19	20	20
10일	28	28	29	29
20일	1798.7.8	1799.7.8	1800.7.9	1801.7.9
테르미도르 1일	19	19	20	20
10일	28	28	29	29
20일	1798.8.7	1799.8.7	1808.8.8	1801.8.8

달	혁명력			
프뤽티도르 1일	18	18	19	19
10일	27	27	28	28
20일	1798.9.6	1799.9.6	1800.9.7	1801.9.7
보충의 날 1일	17	17	18	18
보충의 날 5일	21	21	22	22
보충의 날 6일		22		

추가 참고도서 목록

이 책이 소임을 다했다고 한다면 독자는 프랑스혁명에 대한 참고도서 목록이 진정 방대하다는 사실을 알더라도 놀라지 않을 것이다. 비영어권의 대부분 역사적 주제보다 많은 영어로 된 이 주제에 대한 수준작이 있지만 세부 사실이 상세한 저작 다수는 불어로도 나와 있다. 다행히도 엄선한 다음의 저작 대부분은 상당한 참고도서 목록을 갖추고 있고, 이 짧은 개설서를 넘어서는 주제의 특정한 측면에 대해서는 아래 저작들의 상세한 주석을 통해 탐구를 계속 할 수 있다.

개설서

M. Broers, *Europe under Napoleon 1799-1815* (2nd. edition, London, 2016). 나폴레옹 시대를 혁명의 연장선상에서 다루고 있는 역작.

W. Doyle, *The Oxford History of the French Revolution* (3rd. edition, Oxford, 2018). 프랑스 내부에서의 혁명뿐 아니라 외부에서의 영향력에 대해서도 다루고 있다.

F. Furet, *Revolutionary France 1770-1870* (Oxford, 1992). 20세기 후반을 주도했던 프랑스의 권위자가 혁명을 자신 나라 역사의 더 긴 시간대에 위치시킨다. (『프랑스혁명사—삼신분회에서 열월 9일까지』, 김응종 옮김, 충남대학교출판문화원, 2023)

C. Jones, *The Longman Companion to the French Revolution* (London, 1988). 귀중한 자료를 모아놓은 개요서.

P. McPhee, *Liberty or Death: The French Revolution* (London, 2017). 평범한 사람들에게 미친 혁명의 영향력을 강력하게 설명.

A. Mathiez, *The French Revolution* (London, 1928). 프랑스혁명에 대한 "고전적" 설명. 열정적으로 몰입하여 압도적으로 서술.

S. Schama, *Citizens: A Chronicle of the French Revolution* (London, 1989). 혁명 200주년 기념 해의 베스트셀러로서, 쉽게 읽히지만 극도로 길고 1794년의 갑작스러운 종말을 향해 나아감.

D. M. G. Sutherland, *The French Revolution and Empire: The Quest for a Civic Order* (London, 2003). 풍부한 세부 사실. 혁명기 10년뿐 아니라 나폴레옹까지도 다룸.

해석

D. Andress (ed.), *The Oxford Handbook of the French Revolution* (Oxford, 2016). 최근의 논문 모음집.

T. C. W. Blanning, *The French Revolution: Class War or Culture Clash?* (London, 1998). 1950년대 이래 프랑스혁명에 관한 논쟁의 방향에 대한 예리한 고찰을 보여주며 가독성이 뛰어남.

A. Cobban, *The Social Interpretation of the French Revolution* (2nd.

edition, Cambridge, 1999). 수정주의의 기초를 세운 저작의 재발행본. 그윈 루이스Gwynne Lewis가 서문을 썼음.

F. Furet, *Interpreting the French Revolution* (Cambridge, 1982). 이른바 "자코뱅-마르크스주의 판의 불가타 성경"에 반대하는 최초의 선언문.

P. R. Hanson, *Contesting the French Revolution* (Oxford, 2009). 역사적인 견해 차이를 공정하게 다룬 유용한 개관.

G. Lewis, *The French Revolution: Rethinking the Debate* (London, 1993). 한 세대의 수정주의와 후기 수정주의로부터 고전적 전통을 지키려는 강력한 시도.

C. Lucas (ed.), *Rewriting the French Revolution* (Oxford, 1991). 국제적인 권위자들의 200주년 기념 강의 모음집.

P. McPhee (ed.), *A Companion to the French Revolution* (Oxford, 2013). 유용한 논문 모음집. 그러나 유감스럽게도 몇몇 중요 논문들이 빠져 있다.

J. M. Roberts, *The French Revolution* (2nd edition, Oxford, 1999). 혁명의 모호성에 대한 사려 깊은 고찰.

A. de Tocqueville, *The Old Regime and the Revolution* (London, 1988). 이 오래가는 분석의 판본은 많다. 이 판본에는 노먼 햄프슨의 유용한 서문이 첨부되어 있다. (『앙시앵 레짐과 프랑스혁명』, 이용재 옮김, 지식을만드는지식, 2013)

기원

P. R. Campbell (ed.), *The Origins of the French Revolution* (Basingstoke, 2006). 탁월한 논문들을 포함하고 있다.

R. Chartier, *The Cultural Origins of the French Revolution* (Durham, NC, 1991) 권위 있는 후기 수정주의적 개괄. (『프랑스혁명의 문화적 기원』, 백인호 옮김, 지식을만드는지식, 2015)

W. Doyle, *Origins of the French Revolution* (3rd editiion, Oxford, 1999). 분석적 설명은 물론 사학사적 개괄도 포함하고 있다.

T. Kaiser & D. Van Kley (eds.), *From Deficit to Deluge: The Origins of the French Revolution* (Stanford, Calif., 2013). 중요한 후기 수정주의 논문 모음집.

G. Lefebvre, *The Coming of the French Revolution* (Princeton, 1947). 고전 전통에서 최고의 분석.

B. Stone, *The Genesis of the French Revolution: A Global-historical Interpretation* (Cambridge, 1994). 프랑스혁명의 기원을 더 넓은 역사적 상황 속에 놓고 평가하려는 시도.

T. Tackett, *Becoming a Revolutionary: The Deputies of the French National Assembly and the Emergence of a Revolutionary Culture (1789-1790)* (Princeton, 1996). 혁명 초기 단계에 대한 세심하고 탁월한 분석.

주제

F. Aftalion, *The French Revolution: An Economic Interpretation* (Cambridge, 1990). 경제적 해석.

D. Andress, *The Terror: Civil War in the French Revolution* (London, 2005). 대공포와 내란.

A. Arasse, *The Guillotine and the Terror* (London, 1989). 기요틴과 공포정.

N. Aston, *Religion and Revolution in France 1780-1804* (London, 2000). 아래에 소개한 McManners의 저작 이후 종교와 프랑스혁명에 대한 30년 간의 학문적 성과를 집대성함.

D. A. Bell, *The First Total War: Napoleon's Europe and the Birth of Modern Warfare* (London, 2007). 나폴레옹 전쟁 만큼이나 혁명전쟁을 다룸.

T. C. W. Blanning, *The French Revolutionary Wars 1787-1802* (London, 1996). 혁명전쟁.

M. Crook, *Elections in the French Revolution* (Cambridge, 1996). 혁명기의 선거.

W. Doyle, *Aristocracy and Its Enemies in the Age of Revolution* (Oxford, 2009). 혁명기의 귀족과 그의 적.

A. Forrest, *The French Revolution and the Poor* (Oxford, 1981). 혁명기의 빈민.

A. Forrest & M. Middell (eds), *The Routledge Companion to the French Revolution in World History* (London, 2015). 세계사 속의 프랑스혁명.

H. Gough, *The Newspaper Press in the French Revolution* (London, 1988). 신문 출판과 프랑스혁명.

P. Jones, *The Peasantry and the French Revolution* (Cambridge, 1988). 프랑스혁명과 농민.

D. P. Jordan, *The King's Trial: Louis XVI versus the French Revolution* (Berkeley, 1979). 루이 16세의 재판.

D. P. Jordan, *Napoleon and the Revolution* (Basingstoke, 2012). 나폴레옹과 프랑스혁명.

J. McManners, *The French Revolution and the Church* (London, 1969). 프랑스혁명과 교회의 관계에 대한 우아하고 감동적인 간략한 개괄. 대단히 가독성이 높음.

S. E. Melzer & L. E. Rabine (eds.), *Rebel Daughters: Women and the French Revolution* (New York, 1992). 프랑스혁명과 여성들.

R. R. Palmer, *The Age of the Democratic Revolution* (2 vols, 2nd edition, Princeton, 2005). 프랑스혁명과 미국 혁명을 민주주의 혁명이라는 공통분모로 엮으려는 시도.

J. Popkin, *You are All Free: The Haitian Revolution and the Abolition of Slavery* (Cambridge, 2010). 아이티 혁명.

J. Roberts, *The Counter-Revolution in France 1787-1830* (London, 1991). 프랑스의 반혁명.

G. Rudé, *The Crowd in the French Revolution* (Oxford, 1965). 프랑스혁명 속의 군중.

P. W. Schroeder, *The Transformation of European Politics, 1763-1848* (Oxford, 1994). 혁명 시대의 국제 관계에 대한 권위 있는 논의.

G. A. Williams, *Artisans and Sansculottes: Popular Movements in France and Britain during the French Revolution* (2nd edition, London, 1988). 혁명기 프랑스와 영국의 민중 운동.

인물

W. Doyle, *Napoleon Bonaparte* (Stroud, 2015). 방대하게 연구된 인물인 나폴레옹에 대한 간결한 개설서.

A. Fraser, *Marie-Antoinette: The Journey* (London, 2001). 마리 앙투아네트에 대한 신뢰할 만한 전기. (『마리 앙투아네트』, 정영문·이미애 옮김, 현대문학, 2006)

I. Germani, *Jean-Paul Marat: Hero and Anti-hero of the French Revolution* (Lampeter, 1992). 마라 전기.

N. Hampson, *The Life and Opinions of Maximilien Robespierre* (London, 1974). 로베스피에르를 해석함에 개재된 문제점들에 대한

탁월한 고찰.

N. Hampson, *Danton* (London, 1978). 당통 전기.

J. Hardman, *Louis XVI* (London & New Haven, 2016). 루이 16세에 대한 특이한 전기. 1789년 이전의 루이 16세에 대한 기록만 신뢰가 감.

P. McPhee, *Robespierre: A Revolutionary Life* (New Haven: 2012). 로베스피에르 전기.

S. Reynolds, *Marriage and Revolution: Monsieur and Madame Roland* (Oxford, 2012). 프랑스혁명의 주요 인물이며 공포정 시기에 사망한 롤랑 부부 전기.

W. Roberts, Jacques-Louis David, *Revolutionary Artist: Art, Politics and the French Revolution* (Chapel Hill, NC, 1989). 혁명시기 예술가 자크 루이 다비드 전기.

R. B. Rose, *Gracchus Babeuf: The First Revolutionary Communist* (London, 1978). 최초의 공산주의자 바뵈프 전기.

유산

D. Armitage & S. Subrahmanyam (eds), *The Age of Revolutions in Global Context c. 1760-1840* (Basingstoke, 2010). 지구사의 맥락에서 혁명의 시대.

D. Bell & S. Mintzker (eds), *Rethinking the Age of Revolutions: France and the Modern World* (Oxford, 2018). 프랑스와 근대의 세계.

H. Ben Israel, *English Historians of the French Revolution* (Cambridge, 1968). 19세기의 논쟁을 개괄함.

G. Best (ed), *The Permanent Revolution: The French Revolution and its Legacy, 1789-1989* (London, 1988). 여덟 명의 저명한 논평가들이 프랑스혁명의 지속적인 중요성을 탐색한다.

S. Desan, L. Hunt & W. M. Nelson (eds), *The French Revolution in Global Perspective* (Ithaca, NY, 2013). 아래 소개한 Klaits와 Haltzel의 책과 비교해볼 가치가 있음.

R. Gildea, *The Past in French History* (New Haven & London, 1994). 혁명의 유령에 사로잡힌 프랑스의 현대사를 분석한다.

E. J. Hobsbawm, *Echoes of the Marseilles: Two Centuries Look Back on the French Revolution* (London, 1990). 오래된 확실성을 상실한 것에 대한 마르크스주의자의 한탄.

J. Jennings, *Revolution and the Republic: A History of Political Thought in France since the Eighteenth Century* (Cambridge, 2011). 18세기 이후 프랑스의 정치사상사.

S. L. Kaplan, *Farewell, Revolution* (2 vols, Ithaca, NY, 1995). 길고 장황하지만 프랑스의 200주년 기념식에 대한 충실한 설명. 제1권은 공공의 기념식을, 제2권은 역사적 논쟁을 다루고 있다.

J. Klaits & M. H. Haltzel (eds), *The Global Ramification of the French Revolution* (Cambridge, 1994). 예기치 못한 영역까지 다루는 광범위한 논문집.

역자 후기

영국 브리스틀대학교의 명예교수인 저자 윌리엄 도일은 특히 매관매직, 얀센주의, 고등법원 등의 다양한 주제를 통해 18세기 프랑스의 역사를 깊게 천착했으면서도 그 전체를 아우르는 전망을 잃지 않아 『프랑스혁명의 기원』(1980), 『구체제』(1986)와 같은 개설서를 집필했으며 1989년에 초판이 간행되었던 『옥스퍼드 프랑스혁명사』는 그의 대표작으로 꼽힌다. 대표 저작의 세번째 개정판이 2018년에 나왔던 것을 감안하면, 그는 계속하여 학계에 축적된 연구 성과를 반영하면서 학자들은 물론 독서 대중의 신망을 쌓아가고 있는 것처럼 보인다. 그런 그가 2001년에 명망 높은 문고본 총서인 옥스퍼드출판부의 '첫단추(Very Short Introduction)'에서 『프랑스혁명』을 집필하게 되었던 것은 거의 필연으로 보이며, 2010년에는 『귀족제』에 대해 집필함으로써 다시 한번 자신의 성가를 증명했다.

저자가 영국인임을 처음부터 밝힌 데에는 그럴 만한 충분한 이유가 있다. 본디 역사 서술에는 저자의 주관이 불가피하게 개입할 수밖에 없고 따라서 객관적이고 공정한 기술을 위해 역사가는 최대한 자신의 주관을 배제하려고 노력해야 한다는 것은 상식이 되었지만, 그러한 상식을 지키기가 가장 어려운 분야 중 하나가 프랑스혁명의 역사이다. 비교적 짧은 시간 안에 프랑스는 물론 전 세계적으로 엄청난 정치적, 사회적 변화를 이끌었던 프랑스혁명은 누가, 언제, 어디에서, 어떻게 보느냐에 따라 이 역사적 사건에 대한 관점이 크게 달라지기 때문이다. 특히 도버해협의 양쪽 해안에서 프랑스혁명은 단순한 우중의 과잉 폭력에서 민주주의를 위한 주춧돌까지 해석이 완전히 엇갈려왔다. 게다가 같은 국적이나 이념적 진영에 소속되어 있더라도 혁명의 어떤 단계에 초점을 맞추는지에 따라 이에 대한 서술의 편차는 극심해질 수 있기 때문이다.

그렇다 할지라도 프랑스혁명의 역사에 대해 상대적으로 객관적인 서술을 찾으려는 독자로서의 갈망은 존재하며, 그런 독자들에게 '교유서가 첫단추 시리즈'의 『프랑스혁명』은 훌륭한 읽을거리가 될 것이다. 저자 윌리엄 도일은 영국인이면서도 프랑스혁명에 대해 낮추어 평가하려는 영국적 전통(?)과는 거리를 두고 본질적으로 역사적 사실에 바탕을 두면서 프랑스혁명의 공과에 대해 엄정하게 평가하고 있기 때문이다. 그는 19세기 프랑스를 대표하는 역사가 쥘 미슐레를 따라 프랑스혁명을 인권을 전면에 내세운 기념비적인 사건으로 평가하지만, 도일은 미슐레보다는 훨씬 더 혁명의 원인과 전개 과정에 대해 간결하면서도 핵심을 놓치지 않는 방식으로 설명한 뒤 그것이 끝낸 것과 출발시킨 것에 대해 조목조목 상세하게 설명한다. 도일은 전제주의와 귀족제의 폐지처럼 프랑스혁명의 성과에 대한 전통적인 서술을 유지하면서도 그것을 식민지의 노예제도 폐지와 같은 지구 전체에 걸친 움직임과 연결시킨다. 또한 그는 미터법의 도입에도 대단히 큰 중요성을 부여하여 단순한 정치적 변혁으로서의 프랑스혁명의 의미를 확장시키고 있다.

보통 프랑스혁명은 나폴레옹의 등장이나 부르봉 왕가의 왕정복고로 종말을 맞게 된다고 보는 것이 일반적이지만 도일은 총재 정부나 7월 왕정 역시 프랑스혁명의 영향 아래 이전의 독재나 전제주의와는 성격이 같을 수가 없었다는 사실을 지적함으로써 혁명의 영향력은 외형적인 정치 제도의 변화를 넘어 사회 전반에 깊이 침투하여 있었음을 밝힌다. 마지막으로 도일은 200주년 기념식에 이르기까지 혁명의 연구사를 신속하지만 충실하게 개관하고 있다. 그것은 앞으로 프랑스혁명에 대한 연구의 방향이 어떻게 되어야 할 것인지를 보여주는 지표로서도 좋은 이정표가 될 것이다.

일찍 마무리했던 번역 원고를 넘기고 교정지를 받아보며 고마움과 부끄러움이 교차했다. 편집을 맡았던 황도옥 선생은 마땅히 번역자가 감당했어야 할 미진한 번역이나 누락한 부분까지 세심하게 지적해줌으로써 교정되지 않고 출간되었다면 훗날 그 과오를 알게 되었을 때 느껴야 했을 곤혹감을 미리 제거해주었다. 그럼에도 남아 있을 과오에 대해서는 번역자가 책임을 져야 한다는 것을 마땅히 인정하면서 이 자리에서 편집자 황도옥 선생께 깊은 감사의 말씀을 전한다.

도판 목록

프랑스혁명

THE FRENCH REVOLUTION

초판 1쇄 인쇄 2024년 12월 6일
초판 1쇄 발행 2024년 12월 16일

지은이 윌리엄 도일
옮긴이 조한욱

편집 황도옥 이원주 이희연 이고호
디자인 이혜진
저작권 박지영 형소진 최은진 오서영
마케팅 김선진 김다정
브랜딩 함유지 함근아 박민재 김희숙 이송이 박다솔 조다현 배진성 이서진 김하연
제작 강신은 김동욱 이순호
제작처 한영문화사(인쇄) 한영제책사(제본)

펴낸곳 (주)교유당 **펴낸이** 신정민
출판등록 2019년 5월 24일
제406-2019-000052호
주소 10881 경기도 파주시 회동길 210
전자우편 gyoyudang@munhak.com
문의전화 031-955-8891(마케팅)
031-955-2680(편집)
031-955-8855(팩스)

페이스북 @gyoyubooks
트위터 @gyoyu_books **인스타그램** @gyoyu_books

ISBN 979-11-93710-96-8 03920

- 교유서가는 (주)교유당의 인문 브랜드입니다.